La Opinión Pública y la Comunicación Política
en Entornos Digitales

— *Colección Comunicación e Información Digital* —

La Opinión Pública y la Comunicación Política en entornos digitales

Coordinadores

Ricardo Zugasti Azagra
Ana Cristina Mancho de la Iglesia
Ana Segura Anaya

Autores
(por orden de aparición)

Ricardo Zugasti Azagra
Daniel Javier de la Garza Montemayor
Daniel Barredo Ibáñez
Carlos Aguilar Paredes
Sergio Villanueva Baselga
Lydia Sánchez Gómez
Javier de Sola Pueyo
Carmela García Ortega
Sandra Pallarés Navarro
José Juan Verón Lassa
Cristina Zurutuza-Muñoz

EGREGIUS
ediciones

LA OPINIÓN PÚBLICA Y LA COMUNICACIÓN POLÍTICA EN ENTORNOS DIGITALES

Ediciones Egregius
www.egregius.es

Diseño de cubierta e interior: Francisco Anaya Benitez

© Los autores

1ª Edición. 2018

ISBN 978-84-17270-18-6

ÍNDICE

PRESENTACIÓN DE LAS AGENDAS POLÍTICAS EN LA ERA DIGITAL

Dr. Ricardo Zugasti

Universidad de Zaragoza, España

Las agendas políticas en la era digital es una obra de autoría colectiva que acoge una selección de siete trabajos de entre todas las ponencias presentadas en el simposio "La opinión pública y la comunicación política en entornos digitales". Este simposio estuvo enmarcado en el VII Congreso Internacional de Investigación en Comunicación e Información Digital, celebrado entre el 8 y el 10 de noviembre de 2017 en la Facultad de Filosofía y Letras de la Universidad de Zaragoza y organizado por el Grupo de Investigación en Comunicación e Información Digital de la misma universidad.

El libro, coordinado por los profesores Ricardo Zugasti, Ana Segura y Ana Mancho, pretende ofrecer a la comunidad académica una muestra de investigaciones desarrolladas en el ámbito de la comunicación política, con la heterogeneidad y pluralidad propias de este tipo de publicaciones. Los trabajos que aquí ven la luz presentan, no obstante, un eje vertebrador que es el entorno digital, donde la comunicación política ha encontrado arraigo y ha mostrado un desarrollo imparable.

El primer capítulo, obra de Daniel Javier de la Garza y de Daniel Barredo, docentes respectivamente en las universidades Autónoma de Nuevo León (México) y del Rosario (Colombia), lleva por título "Redes sociales, participación ciudadana y medios alternativos: la crisis de los medios masivos de comunicación en México durante el sexenio de Enrique Peña Nieto". En él se describe la irrupción de las redes sociales y de los medios alternativos en el panorama político mexicano durante el último mandato presidencial, lo que ha conllevado la pérdida de influencia de Televisa, la principal cadena de televisión del país y, en general, de los medios convencionales.

Los profesores de la Universitat de Barcelona Carlos Aguilar, Sergio Villanueva y Lydia Sánchez firman el segundo capítulo: "Participación política, medios de comunicación y redes sociales en los adolescentes catalanes".

Este trabajo aborda la vinculación entre el uso de medios, las redes sociales y el interés por la política de una amplia muestra de estudiantes catalanes del último curso de Educación Secundaria Obligatoria.

Un enfoque también centrado en Cataluña presenta el tercer capítulo, "El referéndum del 1-O en Cataluña en la prensa digital: análisis de la 'ilegalidad' de la consulta soberanista según los medios", del profesor de la Universidad de Zaragoza Javier de Sola. Analiza el uso y aplicación del concepto de "ilegalidad" en los editoriales acerca del referéndum publicados por diez cabeceras de prensa digital, tanto de ámbito catalán como nacional.

Los capítulos siguientes son fruto de profesores de la Universidad San Jorge pertenecientes al Grupo de Investigación Comunicación, Periodismo, Política y Ciudadanía, pionero y referente en el estudio de Twitter en relación con la comunicación política en España.

El cuarto, "Estrategia de los candidatos políticos en Twitter: análisis de las cuentas de Mariano Rajoy y Pedro Sánchez en las elecciones generales de 2015", es obra de Carmela García y de Sandra Pallarés. Las autoras estudian la estrategia seguida por los dos políticos en esta red social durante la campaña electoral, identificando los temas que articularon el discurso de ambos y examinando el uso de los distintos recursos interactivos.

"Estudio comparativo de las cuentas de Pablo Iglesias y Albert Rivera durante la campaña de las elecciones generales de 2015" se titula el quinto capítulo, de José Juan Verón y de Sandra Pallarés. Con un enfoque similar al del anterior capítulo, se analiza en este caso la estrategia de los otros dos grandes líderes politicos nacionales.

Las siguientes elecciones generales, las de 2016, son abordadas por el sexto capítulo, titulado "Los *issues* de la campaña electoral de 2016 en Twitter: análisis del discurso público de los candidatos a la presidencia del Gobierno de España". Mediante un análisis de contenido de todos los tuits, Carmela García y José Juan Verón estudian los temas sobre los que giró la actividad de campaña de Mariano Rajoy, Pedro Sánchez, Pablo Iglesias y Albert Rivera en este servicio de *microblogging*.

Por último, el séptimo capítulo tiene como autora a Cristina Zurutuza, quien analiza la conversación generada en Twitter por el debate electoral del 26 de junio de 2016, protagonizado por cuatro mujeres representantes de las principales fuerzas políticas con representación parlamentaria. La contribución lleva por título "La audiencia social y el debate de mujeres del 9J: ¿funcionan los formatos televisivos de género en política?".

CAPÍTULO I

REDES SOCIALES, PARTICIPACIÓN CIUDADANA Y MEDIOS ALTERNATIVOS: LA CRISIS DE LOS MEDIOS MASIVOS DE COMUNICACIÓN EN MÉXICO DURANTE EL SEXENIO DE ENRIQUE PEÑA NIETO[1]

Dr. Daniel Javier de la Garza Montemayor
Universidad Autónoma de Nuevo León, México
Dr. Daniel Barredo Ibáñez
Universidad del Rosario, Colombia

Resumen

En la mayoría de los regímenes, sean o no democráticos, algunos de los enlaces tradicionales entre los actores políticos y la ciudadanía han sido los medios masivos de comunicación. Resulta posible establecer que las redes sociales permiten, en algunos casos, una relación más inmediata entre los políticos y la ciudadanía, a diferencia de lo que sucede con los tradicionales medios masivos de comunicación. Los cambios en esta interacción pueden terminar por contribuir a una mayor calidad de la democracia, debido a que se establecen canales que posibilitan la construcción de un diálogo entre gobernantes y gobernados. La irrupción del *ciberactivismo* en las elecciones presidenciales mexicanas del 2012, representó un punto de quiebre dentro del sistema político. La influencia de los medios sociales fue decisiva en los años posteriores, en detrimento de los medios tradicionales. Diversos actores, tanto del periodismo como de la sociedad civil, acusaron a la televisora más influyente de México (Televisa) de haber contribuido al triunfo del presidente Enrique Peña Nieto. En el siguiente capítulo se ofrece una reflexión con la que se pretende describir la irrupción de las redes sociales y los medios alternativos en el panorama político mexicano, trayendo como consecuencia la pérdida de influencia de la principal televisora del país y, en general, de los medios convencionales.

Palabras claves: Enrique Peña Nieto; democracia mexicana; redes sociales; participación ciudadana.

---

1 Este capítulo es producto del proyecto de I+D titulado "Esfera pública y participación ciudadana: un abordaje de la construcción de la interacción en los principales cibermedios colombianos (2016)", dirigido por el profesor Daniel Barredo y financiado por el fondo de proyectos de Gran Cuantía de la Universidad del Rosario (2017-2019).

Introducción

En julio del 2018 se celebrarán elecciones para renovar la presidencia de México, el periodo presidencial más longevo de América Latina, con una duración de seis años. El sistema constitucional mexicano no permite la reelección, por lo que tradicionalmente los presidentes en turno suelen imprimirle al país una dinámica de gobierno propia, misma que en muchos casos permea a todos los ámbitos de la vida y la administración pública no sólo a nivel federal, sino estatal y municipal también.

Dentro de los elementos que se consideran para el presente capítulo se encuentra la crisis de credibilidad de los medios masivos de comunicación que se advierte en el gobierno del presidente Enrique Peña Nieto. Para ilustrar este caso, es necesario contar con una reconstrucción histórica de los últimos años. Si bien puede argumentarse que la caída en la credibilidad en los medios masivos es un fenómeno que se encuentra presente en varios países, y que dicha tendencia no es ajena a otros países latinoamericanos, en México esta inclinación difícilmente puede estar aislada de la dinámica política que se ha observado en los últimos años.

Televisa: soldados del Presidente

La primera emisión televisiva en la historia de México fue el informe presidencial de Miguel Alemán Valdez (1946-1952). Dicho informe solía ser un rito anual en el que el presidente en turno convocaba a toda la clase política del país, así como a otros representantes de diferentes manifestaciones de poder. En aquellos tiempos, el informe presidencial no era un espacio propio de rendición de cuentas, ya que los anuncios de logros, reales o exagerados, no eran contestados por la oposición, en ese momento prácticamente no existía representación real en el Congreso (Agustín, 2004).

Esa misma sería la dinámica bajo la cual la televisión comercial operaría en los próximos años. Desde el inicio se tomaría la decisión de que la televisión mexicana no partiría de un canal público, como era el caso de la BBC de Londres, o sería una apuesta mayoritaria por el sector privado como en Estados Unidos. En este caso, coexistiría una televisión tanto pública como privada, sin embargo, al igual que en otros poderes públicos como el Congreso, en la televisión mexicana no se reflejaría disenso o crítica alguna al poder en turno (Fernández y Paxman, 2000).

Una de las primeras crisis de la televisión mexicana surgió a partir del movimiento estudiantil de 1968. Aquel año vio emerger una irrupción de la disidencia por parte de los jóvenes universitarios que en un principio protestaron por la severidad con la que las fuerzas del orden disolvieron una riña. Eventualmente el movimiento abanderaría otras causas, como lo sería la aspiración a contar con mayores libertades políticas (Guevara, 2008).

Este movimiento tomó por sorpresa al gobierno de Gustavo Díaz Ordaz; debido a que la movilidad social por parte de la emergente clase media era uno de los estandartes del régimen, el cual no estaba acostumbrado a una oposición vigorosa. Adicional a esto, los Juegos Olímpicos se celebrarían en México en octubre de ese año. Finalmente, como es de sobra conocido, la respuesta de las autoridades derivó en tragedia el 2 de octubre de 1968 (Monsiváis, 2008).

Los medios masivos de comunicación (tanto la televisora como los principales diarios nacionales) no documentaron la tragedia que se produjo esa noche, donde se originaron hechos que se debaten hasta el día de hoy. Al respecto, aún es controvertida la presunta declaración del principal presentador de televisión en 24 horas, Jacobo Zabludovsky, quien habría iniciado su noticiero diciendo "Este fue un día soleado" (Redacción Proceso, 2006).

Lo cierto es que predominó la confusión durante muchos años sobre el desenlace violento en Tlatelolco, con lo cual una parte de la opinión pública quedó convencida de que la representación de los sucesos sociales no aparecería en televisión, cuando estos incomodaran al poder. Los medios serían aliados del régimen en turno, y como muestra de ello puede recogerse la declaración del conductor Augusto Gómez, quien declaró sobre el movimiento que "entre Díaz Ordaz y el caos, prefiero sinceramente a Díaz Ordaz" (MX Sin Mercenarios, 2012).

Otro caso histórico y crítico en la historia reciente de México serían las disputadas elecciones presidenciales de 1988 (Garrido, 1993). Aquel proceso electoral sería histórico debido a que fue la primera vez en que se presentaron dos fuertes candidatos de oposición frente al largo predominio del Partido Revolucionario Institucional (PRI); Manuel J. Clouthier por el Partido Acción Nacional (PAN) y Cuauhtémoc Cárdenas por el Frente Democrático Nacional (FDN) (Anaya, 2008).

En este caso, la televisión sólo cubrió la campaña del candidato del PRI, Carlos Salinas de Gortari, contrario a los candidatos del FDN y del PAN, que en pocas ocasiones les dio espacio para expresar sus puntos de vista, sufriendo ambos campañas de denuesto. En el caso de Cárdenas, que fue creciendo en las preferencias electorales durante el proceso, el principal noticiero de Televisa entrevistó a un par de supuestos medios hermanos del candidato del FDN, que manifestaron "decepción" por la rebeldía de Cárdenas (Fernández y Paxman, 2000). Es precisamente durante este periodo en el que el presidente de Televisa, Emilio Azcárraga Jean declararía que Televisa era "soldado del PRI" (Villamil, 2013).

El proceso terminó en una fuerte controversia; desde la noche de las elecciones la Secretaría de Gobernación anunció la "caída del sistema", argumentando que el sistema de cómputo había sido averiado, por lo cual no sería posible anunciar al ganador. El entonces presidente Miguel de la Madrid argumentaría en sus memorias que el mismo había dado la orden de detener el conteo de votos (De la Madrid, 2004).

Los candidatos de oposición se unieron en la demanda de limpiar el proceso electoral, lo que derivó en críticas de los principios medios de comunicación. Existió una deliberada intención de ocultar las denuncias de irregularidades a lo largo de la jornada electoral. El descrédito de la principal televisora del país (Televisa) fue tan evidente que el candidato Manuel J. Clouthier llamaría a sus seguidores a "boicotear" la programación noticiosa de la televisora (García y Figueiras, 2006).

Medios y alternancia

El proceso electoral de 1994 sería también juzgado inequitativo en términos de cobertura mediática, aun cuando en este caso los candidatos de oposición si fueron entrevistados en televisión. No obstante, fue evidente que los medios masivos de comunicación favorecieron la candidatura de Ernesto Zedillo (Agustín, 2013).

Desde 1997 se percibía una mayor apertura dentro de los medios, como se pudo constatar en el proceso para elegir por vez primera jefe de Gobierno del Distrito Federal, donde resultó ganador Cuauhtémoc Cárdenas. A diferencia del proceso electoral de 1994, los partidos de oposición tuvieron un acceso más equilibrado a los medios masivos, lo cual generó expectativas de una mayor democratización del país (Delarbre, 2001). Adicional a esto, el hijo de Emilio Azcárraga Milmo, Emilio Azcárraga Jean, asumió el liderazgo de la empresa, movimiento que en muchos generó una expectativa de cambio (Villamil, 2012b).

No pocos supusieron que una mayor democratización del país supondría también una progresiva democratización de los medios masivos. Sin embargo, en los hechos el avance no resultaría tan radical como muchos esperaban. Muestra de ello es que cuando el famoso conductor de televisión Paco Stanley fue asesinado afuera de un restaurante el 7 de junio de 1999, tanto Tv Azteca como Televisa emprendieron una campaña de linchamiento mediático en contra del jefe de Gobierno del Distrito Federal, acusándolo abiertamente de haber generado condiciones de violencia e ingobernabilidad en la capital del país (Cárdenas, 2010).

La cobertura mediática fue lapidaria: las televisoras, en especial Tv Azteca, dedicaron buena parte del día al asunto, tomando aquella oportunidad para denostar al gobernante. Más adelante, la televisora ignoraría de forma deliberada algunas evidencias comprometedoras del conductor asesinado (Villamil, 2001).

Las elecciones del año 2000 fueron distintas. Los candidatos de oposición y del sistema, al igual que sucedió en 1997, compraron tiempo-aire en televisión sin otra restricción que no fuese económica (Medina, 2000). De esa forma los electores pudieron contrastar hasta cierto punto, las divergentes propuestas electorales. Sin embargo, las elecciones las ganó el candidato que tuvo un mayor perfil mediático: Vicente Fox. Con una eficaz campaña de mercadotecnia, Fox tuvo la capacidad de capitalizar el descontento de los ciudadanos frente a 71 años de gobierno del PRI (Benavente, 2010).

Cuando Vicente Fox llegó al poder, los medios masivos de comunicación carecieron de un proceso de democratización. Contrario a ello, en el año 2002 el gobierno foxista se decidió por el famoso "decretazo", que constituía un enorme regalo para las televisoras (Dávalos, 2002), ya que estaban obligadas a ceder el 12.5% de su programación al Estado. Al derogar esta prestación el Gobierno federal tendría que sufragar por promocionar sus respectivos programas de gobierno. A partir de entonces, el gasto en publicidad en el gobierno foxista terminaría por incrementarse al destinar recursos para anuncios que en otros tiempos estaban reservados para las instituciones del Estado (Villamil, 2005).

La llamada "apertura democrática" de Televisa al principio de la transición estaría limitada a unos cuantos espacios, como sería el programa de Carmen Aristegui y Javier Solorzano, llamada "El Círculo Rojo", como también fue notable como histórica entrevista del fundador de Proceso, Julio Scherer García, al SubComandante Marcos en esa televisora (Toussaint, 2001; Olmos, 2016). Sin embargo, así como en un momento el padre de Emilio Azcárraga Jean se había proclamado "soldado del PRI", su vástago diría que la democracia era "un buen negocio" (Villamil, 2017).

En este sentido, la televisión mexicana no estaría limitada a seguir los intereses de un partido político específico, sino que la pluralidad de alternativas le aseguraba un negocio lucrativo. Contiendas a nivel federal, estatal y municipal significaban cuantiosos ingresos para la televisora, quien podía fijar los precios de los espacios publicitarios en forma discrecional.

Las elecciones presidenciales del 2006 serían una clara muestra de que las televisoras se convertirían en una poderosa herramienta de presión política. En medio de la contienda federal se aprobó una reforma en el Congreso a la Ley Federal de Telecomunicaciones y Difusión conocida como la "Ley Televisa" (Becerril, 2007). Entre otros puntos, esta ley favorecía la renovación automática de las dos principales televisoras en México: Televisa y Tv Azteca y terminó por ser aprobada en el Senado en medio de las elecciones presidenciales, con el apoyo de las bancadas del PRI y del PAN, cuyos candidatos se encontraban rezagados en las preferencias electorales frente al puntero, Andrés Manuel López Obrador (Villamil y Scherer, 2007).

Estas elecciones presidenciales fueron controvertidas en exceso, no sólo por la publicidad negativa que utilizaría el candidato de la derecha, Felipe Calderón Hinojosa en contra del contendiente de la izquierda, sino que la misma tuvo resonancia en los medios masivos de comunicación. Finalmente, Calderón obtuvo un triunfo por un margen mínimo del 0.56% de los votos (Portillo 2012; Pérez Dámazo, 2014).

El candidato ganador obtuvo apoyo expreso de las principales cúpulas empresariales, así como el Sindicato Nacional de Trabajadores de la Educación (SNTE), uno de los más grandes, pero también de las televisoras. Incluso miembros de su partido adjudicaron el triunfo calderonista al apoyo que dio la bancada de su partido (PAN) a la controvertida Ley de Telecomunicaciones, misma que sería retribuida con una cobertura favorable a su candidatura (Meyer 2013; Meyer, 2015).

De esa manera, el poder de la principal televisora del país quedaba asentado en el imaginario político: habían coadyuvado a generar un resultado electoral que para muchos fue inesperado, debido a que durante meses el candidato de la izquierda había encabezado las preferencias electorales. El método de obtener beneficios por parte de los diferentes gobiernos estatales, así como el federal a cambio de construir una agenda mediática que resultara favorecedora para sus intereses, terminaría por consolidarse durante el sexenio de Felipe Calderón (Villamil, 2010).

La apuesta por un candidato propio

Sin embargo, antes de que Felipe Calderón tomara protesta de la presidencia, se sellaría una alianza entre la prominente televisora con el Gobierno del Estado de México, que asumió en el año 2005, sellando un acuerdo de "asesoría en imagen" con la poderosa televisora. De esta manera, se le proporcionó una cobertura fuera de lo ordinario para un mandatario estatal (Villamil, 2010).

La presencia en medios de comunicación convencionales contribuyó a que el mandatario estatal encabezara las preferencias en las encuestas desde un año atrás de que estas se llevaran a cabo. Era el caso de dos encuestadoras (Consulta Mitofsky y Parametría) que en marzo del 2011 atribuían a Enrique Peña Nieto una ventaja contundente, con 48.8% en el primer caso y 44% en el segundo (Rodríguez, 2011). El largo predominio de Enrique Peña Nieto en las encuestas contribuiría a generar la percepción de que el candidato era imbatible frente a sus posibles competidores internos o externos. Por ello, Enrique Peña Nieto no tuvo contendiente interno, siendo el único precandidato que se registró por el PRI el 27 de noviembre del 2011.

Algunos de los principales deslices del entonces precandidato presidencial fueron minimizados por la principal televisora. Cuando Peña Nieto fue cuestionado sobre los tres libros que habían marcado su vida durante la celebración de la *Feria Internacional del Libro* en Guadalajara, fue incapaz de nombrar algún título (e incluso llegó a confundir nombres de autores y sus respectivas obras) contundente, fuera de la Biblia (Redacción Proceso, 2011). En lo que puede catalogarse como una apología del desliz del entonces precandidato, Adela Micha, conductora de Televisa, declararía en un programa de opinión de nombre *Tercer Grado*: "Vamos, sea un lector voraz o no, creo que es completamente irrelevante a la hora de gobernar bien o mal" (Radical Proxy, 2012).

Durante los primeros meses de la contienda electoral en 2012, Enrique Peña Nieto parecía imbatible. En el canal Milenio Televisión se realizó un ejercicio demoscópico tan insólito como cuestionable: Durante 90 días se presentó un sondeo por parte de la encuestadora GEA/ISA de las preferencias electorales que presuntamente se realizaba a diario. El ejercicio fracasó en proporcionar información veraz, lo cual sería admitido por uno de los principales conductores de la televisora, Ciro Gómez Leyva, debido a que reportó una presunta ventaja abrumadora del candidato Enrique Peña Nieto que no tuvo mayores variaciones durante tres meses. El resultado en las urnas terminaría por confirmar que la distancia entre el primer y segundo lugar fue de 6.63%, lejano al 20% que auguraba el seguimiento diario de GEA/ISA (Sin Embargo, 2012).

La condescendencia con la que los medios masivos de comunicación trataban al candidato del PRI parecía no ser cuestionada más que por sus detractores políticos y la prensa independiente. No obstante, eso habría de cambiar de manera sustantiva después de la irrupción del movimiento *#YoSoy132*.

El 11 de mayo del 2012 el candidato Enrique Peña Nieto visitó la Universidad Iberoamericana. Durante el evento se reportó un ambiente tenso, las protestas por parte de los estudiantes irrumpieron cuando el candidato defendió su proceder como gobernador en un controvertido operativo policiaco en San Salvador Atenco, que fue duramente criticado por violentar derechos humanos. En redes sociales se difundió la forma en que los estudiantes increparon al candidato priista (González, 2013).

En el noticiero de esa noche, Televisa dio voz a personajes ligados a la campaña de Peña Nieto, quienes acusaron a los jóvenes de no ser estudiantes. A su vez, el noticiero principal ignoró en buena medida imágenes o videos de las protestas que se generaron, los cuales, como se mencionó con anterioridad, fueron ampliamente divulgados en medios sociales (Villamil, 2012a).

Algunos de los jóvenes que participaron en la manifestación que se produjo en la Universidad Iberoamericana subieron un video en los medios sociales en el que se acreditaban como estudiantes, en ese video participaron 131 jóvenes. La grabación se volvió viral con una rapidez inusitada, formándose de manera espontánea un movimiento estudiantil nacional que adquirió el nombre de *#YoSoy132* (González y Galindo, 2013).

Este movimiento fue comparado con otras irrupciones que se generaron el ciberespacio, como lo fue el *15 M* en España, *Occupy Wall Street* en Estados Unidos, e incluso la primavera árabe en Túnez y Egipto (Red, 2013). Este movimiento tenía como rasgo peculiar que denunciaba la inequidad de la cobertura en las campañas electorales y demandaba una democratización de los medios de comunicación.

El movimiento fue tan espontáneo como difuso. Como principales vertientes, es posible destacar que ejercieron una fuerte crítica al duopolio televisivo, en especial a Televisa, quien durante décadas había ejercido una programación tendenciosa que favorecía la visión del régimen, pero rara vez había ameritado una crítica tan vigorosa por parte de la sociedad civil. Por otro lado, el movimiento *#YoSoy132* también se opuso al candidato de Televisa, Enrique Peña Nieto y buscó convencer a la sociedad de no sufragar por él (Sancho, 2014).

El gobierno de un Telepresidente

Como es de sobra conocido, el 1ero de julio del 2012, Peña Nieto ganó las elecciones presidenciales, y poco después el movimiento estudiantil terminó por extinguirse. Sin embargo, la crisis de credibilidad de Televisa apenas comenzaba. Durante la primera fase de la presidencia de Enrique Peña Nieto, las televisoras fueron aliadas del régimen. El Gobierno federal erogaría cuantiosos recursos en publicidad oficial, además de que la televisora actuaría como propagandista del régimen, como fue en el caso del conflicto con la CNTE. Los maestros que se oponían a la reforma educativa promovida por el presidente de México, fueron denostados en los espacios de televisión sin que les proporcionara derecho a réplica.

La imagen pública del presidente terminaría por decrecer de forma considerable en la segunda mitad del 2014. Después de la desaparición de los 43 normalistas de Ayotzinapa en Iguala, Guerrero, miles de mexicanos se volcaron a las calles para pedir el esclarecimiento de los hechos. Los medios oficiales contribuyeron a difundir la visión oficial, que incluso ligaba a los estudiantes desaparecidos con el crimen organizado (Mazzeo, 2015; Sánchez 2015).

No obstante, el descrédito de los medios de comunicación en este momento era alto. A través de los medios sociales se realizaron convocatorias para marchar en diferentes ciudades, independientemente de la apología del gobierno que hiciera la principal televisora del país (Mena, 2015). Poco después, el Gobierno de Enrique Peña Nieto se enfrentaría a un nuevo escándalo: la revelación de una propiedad con un valor aproximado de 7 millones de dólares que fue conocida como "La Casa Blanca" (Lizárraga, Cabrera, Huerta y Barragán, 2015).

La noticia que fue dada a conocer en el portal de internet de la periodista Carmen Aristegui, tuvo una enorme repercusión en medios sociales, aunque los medios tradicionales le dieron escasa cobertura. Sin embargo, la encuestadora ISA reportaría que al menos 81% de los ciudadanos mexicanos habían escuchado sobre este caso (ISA, 2014). Este es un dato relevante, debido a que esta porción de la sociedad era mayor al número de usuarios de Internet que existían en México durante el 2014.

Después de que la difusión de la información fuera incontenible, desde la presidencia de la república se decidió que sería la esposa del presidente, Angélica Rivera quien había sido una popular actriz de telenovelas antes de asumir como Primera Dama quien diera una explicación a la ciudadanía sobre la propiedad en cuestión. Mediante un mensaje pregrabado que se difundió en el principal noticiero de Televisa conducido por Joaquín López Dóriga, Angélica Rivera argumentó que había comprado esa propiedad con los recursos que había obtenido por las telenovelas en las que había participado. Poco después de este anuncio, el diario *Reforma* publicó un sondeo en el que argumentaba que sólo el 13% de la población consultada creía la versión de la televisora (Reforma, 2014).

A diferencia de lo que ocurría antes de la irrupción de los medios sociales, en este caso el silenciamiento de los medios masivos de comunicación no sería suficiente para que un escándalo de corrupción fuera conocido por amplias capas de población, aun cuando no tuviesen acceso a medios sociales. Los ciudadanos comenzaban a cuestionar la versión oficial de los medios de comunicación masiva, acto que tendería a aumentar durante los siguientes años.

Objetivos generales y específicos

Como objetivo general, buscamos evaluar los efectos de la irrupción de los medios sociales en el consumo de información sobre política por parte de los jóvenes universitarios, con un enfoque central en el caso de las elecciones legislativas a nivel federal durante el 2015. Entre los objetivos específicos nos hemos propuesto comparar los hábitos de consumo tanto de medios de comunicación tradicionales como no convencionales entre los jóvenes mexicanos, cotejar el nivel de confianza que los jóvenes depositan en los diversos medios de comunicación, así como medir el impacto de los medios digitales y tradicionales en la participación política convencional, con el fin de contar con información más veraz sobre este fenómeno emergente.

Método

Es conveniente establecer que el Congreso Mexicano es bicameral. A la mitad del mandato del presidente de la república, se renueva la Cámara de Diputados. En el año 2015, meses después de los acontecimientos en Ayotzinapa y el escándalo de "La Casa Blanca" que contribuyó a minar la popularidad del presidente Enrique Peña Nieto, se celebraron en México las elecciones legislativas federales.

Durante la campaña que comenzó en Abril en 2015 se realizó un amplio estudio en cuatro entidades federativas: Nuevo León, Durango, Sonora y Coahuila; tanto en universidades públicas como en universidades privadas[2]. Dicho estudio fue dirigido a los jóvenes universitarios mexicanos. Las peguntas que se realizaron tenían como fin medir el consumo de medios (tanto tradicionales como digitales), la confianza en los mismos, así como la relación entre el consumo de los medios con la participación política fuera de línea. Se encuestaron a 1694 estudiantes universitarios.

Resultados

Tabla 1. Consumo de medios por parte de los estudiantes mexicanos consultados durante el 2015

	Opción Mayoritaria	Universidad	Porcentaje Total	*F*	*M*	*DE*
Consumo Televisión	Poco	Pública	34.2%	579	1.58	.99
		Privada	39.7%	112	1.59	1.08
Consumo Prensa Escrita	Poco	Pública	37.8%	641	1.19	.88
		Privada	38.2%	108	1.32	.93
Consumo Prensa Digital	Algo	Pública	32%	447	1.88	1.12
		Privada	34%	96	1.59	1.075
Consumo Redes sociales	Bastante	Pública	36.7%	513	2.97	1.01
		Privada	43.3%	122	3.11	1.00

Nota: N= (Pública=1407, Privada=283). El valor mínimo es de 0, y el valor máximo es de 4. Existen 5 valores: Nada, Poco, Algo, Mucho y Bastante.

En este primer caso se observa que el consumo de televisión fue la opción mayoritaria que seleccionaron los alumnos de ambas universidades

---

2 Este estudio forma parte de la tesis doctoral titulada Efectos de las redes sociales en la participación política de jóvenes universitarios de Nuevo León, Sonora, Durango y Coahuila durante las elecciones legislativas federales de México, 2015, dirigida por los doctores Abraham Hernández y Daniel Barredo y defendida en la Universidad Autónoma de Nuevo León en 2016, con la máxima calificación.

(M=1.58, DE=.99 y M=1.59, DE=1.08). Esto resulta contrario al medio de comunicación que más declararon utilizar los jóvenes consultados (M=2.97, DE=1.01 y M=3.11, DE=1.00).

Tabla 2. Confianza en medios de comunicación por parte de los estudiantes mexicanos consultados durante el 2015

	Opción Mayoritaria	Universidad	Porcentaje Total	F	M	DE
Confianza TV Noticias	No le da confianza	Pública	48.6%	679	1.62	.61
		Privada	56.5%	160	1.71	.59
Confianza TV Programas	No le da confianza	Pública	47.9%	669	1.71	.66
		Privada	49.8%	140	1.66	.62
Confianza Medios Alternativos	No le da confianza	Pública	41.2%	570	1.96	.77
		Privada	45.6%	128	1.97	.74
Confianza Redes Sociales	No le da confianza	Pública	49.1%	680	1.78	.68
		Privada	44.2%	125	1.83	1.93
Confianza Prensa Escrita	Le da confianza	Pública	55.7%	777	1.57	.70
		Privada	53.4%	150	1.57	.67
Confianza Revista Impresa	Le da confianza	Pública	55.2%	766	1.62	.76
		Privada	53.7%	151	1.61	.72

Nota: N= (Pública=1407, Privada=283). Existen 3 valores: (1) Le da confianza, (2) No le da confianza, (3) No lo cabe.

En el caso de la confianza los noticieros de televisión recibieron una respuesta negativa de un 48.6% en el caso de las universidades públicas (M=1.62, DE=.61) y hasta un 56.5% (M=1.71, DE=.59) de los alumnos de las universidades privadas manifestaron desconfiar de estos medios. Sin embargo, esta falta de confianza también se extiende a las redes sociales: el 49.1% (M=1.78, DE=.68) y el 44.2% (M=1.83, DE=1.93), respectivamente, contestaron que no les daba confianza.

Tabla 3. Relación entre participación fuera de línea y medios tradicionales por parte de los estudiantes mexicanos consultados durante el 2015

	TV	Prensa Digital
Votar	-.06*	.09**
Firmar en una consulta pública	-.05*	.16**
Contactar a un político	-.05	.14**
Influir en políticas públicas	-.14	.15**
Colaborar en una ONG	-.08*	.15**

Nota: *p<.05, **p<.01, ***p<.001. Los coeficientes de Pearson en negritas indican las asociaciones más estrechas.

Por último, cuando se realizaron correlaciones entre distintas acciones de participación política convencional, se encontró con que la correlación entre quienes leen la prensa digital y emprenden cualquiera de las acciones por las que fueron consultados es mayor a quienes sólo ven la televisión.

Discusiones y conclusiones

A lo largo de este capítulo se ha llevado a cabo un recuento histórico sobre la forma en que la televisión ha estado ligada al poder político en México desde sus inicios. Son varias las crisis de credibilidad que a lo largo de los años padeció la televisora principal, tanto por su manejo informativo en el caso de la represión estudiantil de 1968, como la cobertura de las polémicas elecciones de 1988. La alternancia en el poder federal lejos de contribuir a generar una cultura democrática en los medios masivos de comunicación, tuvo como consecuencia que los medios masivos, en especial Televisa, tuvieran importantes oportunidades de negocios.

El poder político de dicha televisora se fortaleció con los triunfos electorales tanto del panista Felipe Calderón, como del priista Enrique Peña Nieto. Contribuir a crear una candidatura desde la televisión sería una de las mayores demostraciones de la simbiosis entre el poder político y los medios masivos, pero la suerte de ambos quedaría entrelazada. Los ciudadanos ligarían el éxito o el fracaso de la administración federal que comenzó el 1 de diciembre del 2012 con la televisora que tanto la promovió.

El desprestigio de una forma de realizar televisión, en la que se promueve al Gobierno en turno sin ejercer crítica alguna, fue apuntalado por la emergencia de los medios sociales. Durante el sexenio de Peña Nieto las redes sociales se convirtieron en un contrapeso eficaz a los medios convencionales. En este proceso fue fundamental el movimiento #Yosoy132, que tuvo la distinción de cuestionar abiertamente la manipulación mediática a la que muchos mexicanos se habían acostumbrado. A partir de este suceso, los medios sociales se han convertido en un catalizador para la implicación de los ciudadanos mexicanos en asuntos de interés público (De la Garza y Barredo, 2017).

Durante el Gobierno de Peña Nieto existieron múltiples evidencias de que el control de los medios de comunicación había resultado insuficiente para mantener algunos asuntos incómodos fuera del conocimiento de la opinión pública. No sólo fueron los casos de la tragedia de Ayotzinapa y la llamada "Casa Blanca", en el 2015 un candidato independiente a la gubernatura del importante estado de Nuevo León ganó la contienda sin mayor acceso a los medios masivos, limitando su comunicación política a las redes sociales (Campillo, 2015).

Como se mencionó en la introducción, en julio del 2018 los mexicanos elegirán a su próximo presidente. Este será un nuevo e importante capítulo en el que se podrá distinguir si la televisión ejerce una influencia relevante en los comicios, o si terminará por desgastarse ante la opinión pública como el sistema con el que por tanto tiempo actuaron en complicidad.

Referencias bibliográficas

Agustín, J. (2004). Tragicomedia mexicana 1: La vida en México de 1940 a 1970. Distrito Federal: Planeta.

Agustín, J. (2013). Tragicomedia mexicana 3: La vida en México de 1970 a 1994. Distrito Federal: Planeta.

Anaya, M. (2008). 1968: El año que calló el sistema. Distrito Federal: Debate.

Becerril, A. (5 de mayo del 2007). La ley Televisa, una imposición previa a las elecciones del 2006, según Creel. La Jornada. Recuperada desde http://www.jornada.unam.mx/2007/05/05/index.php?section=politica&article=005n1pol

Benavente, A. (2010). La campaña presidencial de Vicente Fox y el modelo propagandista de comunicación política. América Latina Hoy, 33, 101-121. Recuperado desde http://rca.usal.es/index.php/1130-2887/article/view/7320

Campillo, J. R. (2015). Las elecciones de 2015 y sus repercusiones en el sistema partidario mexicano. El Cotidiano, 30(193), 7-17.

Cárdenas, C. (2010). Sobre mis pasos. Distrito Federal: Aguilar.

Convence Poco. (22 de noviembre del 2014). El Norte. p.1

Dávalos, R. (11 de octubre del 2012). Expide Fox nuevo reglamento de Radio y Tv. La Jornada. Recuperado desde http://www.jornada.unam.mx/2002/10/11/009n1pol.php?printver=0

De la Garza, D. y Barredo, D. (2017). Democracia digital en México: un estudio sobre la participación de los jóvenes usuarios mexicanos durante las elecciones legislativas federales de 2015. index.comunicación, 7(1), 95 - 114.

De la Madrid, M. (2004). Cambio de Rumbo. Fondo de Cultura Económica: México.

Delarbre, R. (2001). Mediocracia sin Mediaciones: Prensa, televisión y elecciones. Distrito Federal: Ediciones Cal y Arena.

Fernández, C. y Paxman, A. (2000). El Tigre: Emilio Azcárraga y su imperio Televisa. Distrito Federal: Grijalbo.

Galindo, J. y González, J. (2013). #YoSoy132: la primera Erupción Visible. Distrito Federal: Global Talent University Press.

García, C. y Figueiras, L. (2006). Medios de comunicación y campañas electorales (1988-2000). Distrito Federal: Universidad Nacional Autónoma de México.

Garrido, L. (1993). La ruptura: la corriente democrática del PRI. Distrito Federal: Grijalbo.

González, R. (2013). El Acontecimiento #Yosoy132. Crónicas de la Multitud. Distrito Federal: Editorial Terracota.

Guevara, G. (2008). 1968: Largo camino a la democracia. México: Ediciones Cal y Arena.

Investigaciones Sociales Aplicadas (2014). Cuarta Encuesta Nacional de Opinión Ciudadana. Recuperado desde http://www.isa.org.mx/contenido/GIMX1411p.pdf

Lizárraga, D., Cabrera R., Huerta, I. y Barragán, S. (2015). La casa blanca de Peña Nieto. Distrito Federal: México

Mazzeo, M. (2015). Ayotzinapa, a un año (Lo que Ayotzinapa puso en evidencia). Espiral. Kavilando, 2, 141-146.

Medina Viedas, J. (2000) Los medios en la política. México: Ediciones Cal y Arena.

Mena, R. A. (2015). #Ayotzinapa, origen y evolución del movimiento social mexicano en Twitter. Apuntes de Ciencia & Sociedad, 5(2), 357- 364

Meyer, L. (2013). Nuestra tragedia persistente. La democracia autoritaria en México. Distrito Federal: Debate.

Meyer, L. (2015). Felipe Calderón o el infortunio de una transición. Foro Internacional, 55(1), 16-44.

Monsiváis, C. (2008). El 68: la tradición de la resistencia. Distrito Federal: ERA.

MX Sin Mercenarios. (2012, noviembre 13). Periodistas Mercenarios y Vendidos de México. [Archivo de Video]. Recuperado de https://www.youtube.com/watch?v=5Kkv6vnAx5I

Olmos, J. (20 de febrero 2016). "Entrevistas para la historia", un legado de Julio Scherer al periodismo. Proceso. Recuperado desde http://www.proceso.com.mx/430856/entrevistas-para-la-historia-un-legado-de-scherer-al-periodismo

Pérez Dámazo, A. (2014). Campañas negativas en las elecciones 2000 y 2006 en México. Revista Mexicana de Ciencias Políticas y Sociales, 59(222), 87-115.

Portillo, M. (2012). Campañas negativas y preferencias electorales: El caso de las elecciones presidenciales de México en 2006. Razón y palabra, 17 (79), 201-218.

Radical Proxy. (2012, abril 17). Conductores de Televisa defienden a Peña Nieto: dicen que no se necesita saber leer para gobernar. [Archivo de Video]. Recuperado de https://www.youtube.com/watch?v=mHc7K_MrzZA

Red, M. (2013). Rocking the Vote in Mexico's 2012 Presidential Election: Mexico's Popular Music Scene's Use of Social Media in a Post-Arab Spring Context. International Journal of Communication, 7, 1205-1219. Recuperado desde http://ijoc.org/index.php/ijoc/article/view/1874

Redacción Proceso (10 de diciembre, 2006). Hoy fue un día soleado, bis. Proceso. Recuperado desde http://www.proceso.com.mx/95426/hoy-fue-un-dia-soleado-bis

Redacción Proceso (3 de diciembre, 2011). "Foxazo" de Peña Nieto: confunde a Krauze con Carlos Fuentes. Proceso. Recuperado desde http://www.proceso.com.mx/290137/foxazo-de-pena-nieto-confunde-a-krauze-con-carlos-fuentes

Redacción Sin Embargo (julio 2 del 2012). Ciro Gómez acepta en TV que encuesta de Milenio, que dio durante 90 días amplio triunfo a Peña, se equivocó. Sin Embargo. Recuperado desde http://www.sinembargo.mx/02-07-2012/284138

Rodríguez, S. (4 de marzo del 2011). Mitofsky: ¿Cómo van las encuestas hacia 2012?. Animal Político. Recuperado desde http://www.animalpolitico.com/2011/03/rumbo-al-2012-%C2%BFcomo-van-los-aspirantes-a-la-presidencia/

Sánchez, A. G. (2015). La olla resentida. Dolor e indignación en México por los normalistas de Ayotzinapa. Extravío. Revista Electrónica de Literatura Comparada, 8, 165-167. Recuperado desde http://saguntum.uv.es/index.php/extravio/article/view/4583

Sancho, G. (2014). El# YoSoy 132 mexicano: la aparición (inesperada) de una red activista/The Mexican# YoSoy 132: the (unexpected) emergence of a activist network. Revista CIDOB D'afers Internacionals, 105, 47-66. Recuperado desde http://www.jstor.org/stable/24364566

Toussaint, F. (7 de octubre del 2001). Círculo Rojo. Proceso. Recuperado desde http://www.proceso.com.mx/188336/un-banquete-casi-mortal-3

Villamil, J. (19 de marzo del 2013). Televisión para jodidos. Proceso. Recuperado desde http://www.proceso.com.mx/336733/television-para-jodidos

Villamil, J. (2001). El poder del rating, de la sociedad política a la sociedad mediática. Distrito Federal: Plaza y Janés.

Villamil, J. (2005). La televisión que nos gobierna. Distrito Federal: Grijalbo.

Villamil, J. (2009). Si yo fuera Presidente. Si yo fuera presidente: el reality show de Peña Nieto. Distrito Federal: Grijalbo.

Villamil, J. (2010). El Sexenio de Televisa. Distrito Federal: Grijalbo.

Villamil, J. (2012a). Peña Nieto: El Gran Montaje. Distrito Federal: Grijalbo.

Villamil, J. (2012b). Televisa y Ernesto Zedillo, la Era Azcárraga Jean. El Cotidiano, 172, 65-71. Recuperado desde http://www.plataforma-democratica.org/Publicacoes/20374.pdf

Villamil, J. (2017). La rebelión de las audiencias. Ciudad de México: Grijalbo

Villamil, J. (27 de agosto del 2013). La CNTE, manual mediático para inducir al odio. Proceso. Recuperado desde http://www.proceso.com.mx/351200/la-cnte-manual-mediatico-para-inducir-al-odio

Villamil, J. y Scherer, J. (2007) Los medios y los jueces. La guerra sucia de 2006. México: Grijalbo.

CAPÍTULO II

PARTICIPACIÓN POLÍTICA, MEDIOS DE COMUNICACIÓN Y REDES SOCIALES EN LOS ADOLESCENTES CATALANES[3]

Carlos Aguilar Paredes
Universitat de Barcelona, España
Sergio Villanueva Baselga
Universitat de Barcelona, España
Lydia Sánchez Gómez
Universitat de Barcelona, España

Resumen

El grado de implicación política de los adolescentes es una cuestión abierta que atraviesa el debate académico generación tras generación. Actualmente, esta cuestión se ve salpicada por la irrupción de las redes sociales y los nuevos medios. El presente capítulo estudia la vinculación entre el uso de medios, redes sociales y el interés por la política de una amplia muestra de estudiantes catalanes del último curso de Educación Secundaria Obligatoria. La investigación concluye que las dinámicas de participación política y las plataformas de debate de los adolescentes no difieren en exceso de las generaciones mayores y que, por tanto, las redes sociales no parecen haber afectado al grado de implicación política de los adolescentes.

Palabras claves

participación política, implicación cívica, redes sociales, medios de comunicación, adolescentes

---

3 Este artículo se ha llevado a cabo dentro de los siguientes proyectos: grupo de investigación consolidado DHIGECS (Didáctica de la Historia, la Geografía y otras Ciencias Sociales), financiado por la Generalidad de Catalunya (2014SGR-955); proyecto Recercaixa 2012 «Educación cívica en les aulas interculturales: análisis de las representaciones e ideas sociales del alumnado y propuestas de acción educativa» (2012ACUP00185), financiado por la Obra Social "la Caixa"; proyecto «Desarrollo de la formación sociopolítica para una ciudadanía democrática: diseño e implementación de materiales didácticos en Ciencias Sociales» (EDU2015-65621-C3-3-R), financiado por el Ministerio de Economía y Competitividad del Gobierno de España.

Introducción

La generación Net es aquella que está compuesta por jóvenes que siempre han vivido rodeados de medios digitales y entornos virtuales y que, por lo tanto, poseen mayores conocimientos que sus padres y adultos que les rodean sobre nuevas tecnologías de la comunicación (Ballano et al, 2014). Brundidge y Rice (2009) y Chadwick (2012) creen que Internet y los medios digitales han provocado dos tipos de influencias opuestas en lo que se refiere al grado de compromiso político de los jóvenes. Putman (2000) por su lado postula que Internet debilita el grado de compromiso y participación política, argumentando que se trata de un medio que *distrae* de aquellos temas que se suponen cruciales.

Con Internet ocurre lo que suele pasar cuando un nuevo medio de comunicación irrumpe en la sociedad. Una corriente de pensamiento enfatiza los posibles efectos negativos del nuevo medio, que reduciría el nivel de participación política. Por otro lado, otros pensadores subrayan lo contrario, llegando a afirmar que su influencia en la participación política sería positiva. Entre los primeros, Wojcieszak y Mutz (2009) y Gaines y Mondak (2009) sostienen la hipótesis de que Internet propicia que los ciudadanos formen redes sociales homogéneas, carentes de la variedad informativa necesaria para la formación política de los ciudadanos. Por el contrario, aquellos que ven en Internet un medio que facilita la participación política, se basan en su potencial democrático, su capacidad para llegar a una amplia audiencia, de asociación con otros individuos (Farrell, 2012), y de acceso a diferentes puntos de vista, trascendiendo las distancias físicas (Brundidge y Rice, 2009).

Investigaciones recientes muestran la importancia que sigue teniendo la comunicación interpersonal en la decisión de voto de los ciudadanos. Las conversaciones en el seno de la familia, entre amigos, vecinos, siguen teniendo una influencia considerable en la elección del voto (Huckfeldt y Sprague, 1995), aunque dichas conversaciones se suelan dar entre individuos que comparten un mismo tipo de visión de la realidad social (Mutz y Martin, 2001). La idea es que del mismo modo que los espacios de opinión pública pueden articular el conocimiento político (Fishkin y Luskin, 1999), e incidir en la opinión política (Gastil y Dillard, 1999; Sturgis, Roberts y Allum, 2005), también lo hacen las conversaciones informales que mantienen los ciudadanos (Price, Cappella y Nir, 2002).

En este sentido, Boyd et al (2011) realizaron un estudio longitudinal que analizó información de 728 jóvenes de entre 13 y 16 años sobre sus perspectivas respecto al deber cívico, eficacia cívica, conexión social vecinal y participación cívica. El estudio confirma que una de las maneras en que el uso de las noticias que ofrecen los medios influye en la participación y deberes cívicos de los jóvenes es a través de la comunicación interpersonal con sus padres.

Objetivos de la Investigación

Frente al acceso clásico a la información a través de la prensa escrita y los informativos de las cadenas de televisión, el acceso de los adolescentes al contenido (de cualquier índole) está mayoritariamente mediado por los dispositivos de los que disponen. Según datos de la tercera ola del barómetro del EGM a fecha del estudio, para el grupo de edad comprendido entre 14 y 19 años, la penetración de medios estimada en el periodo entre semana muestra un predominio de Internet (90%), la televisión (86%), la radio (60%) y finalmente la prensa escrita con sólo un 22%.

En esta línea, el objetivo principal del presente estudio es tratar de validar si los jóvenes de último año de enseñanza obligatoria utilizan las redes sociales como plataformas de información y discusión política, en detrimento de aquellos que utilizan los medios de comunicación clásicos para obtener esta información. Por ello es necesario profundizar y determinar si la universalización del acceso a la red ligado a la portabilidad de los dispositivos y las conexiones móviles, tiene alguna repercusión sobre la manera en la que los adolescentes se informan en su contexto sociopolítico. Más aun, es necesario determinar si la posibilidad de información y discusión política mediada por la red, está relacionada con el comportamiento político de los adolescentes.

Así, se hace necesario tratar de establecer si es mediante el uso de las redes sociales como los adolescentes obtienen sus fuentes de información política y finalmente cotejar si el paradigma de los nativos digitales es de aplicación en lo que respecta a las fuentes de acceso a la información de interés político. Por ello este artículo establece la relación entre tres variables: la utilización de los medios, el nivel de uso de las redes sociales y el nivel de interés político de los adolescentes. Los resultados analizados por separado y con las correlaciones establecidas entre ellos nos permiten elaborar una imagen de la relación existente entre intención de participación política, utilización de medios de comunicación y uso de las redes sociales. Además, se coteja si el uso de Internet como lugar de discusión política está relacionado con un mayor interés político, o si por el contrario, en la línea de lo ya referido por Huckfeldt y Sprague (1995) es la discusión política entre conocidos y por canales tradicionales la que tiene un mayor nivel de influencia en el interés político de los jóvenes.

Metodología

La falta de consenso sobre si los medios digitales inciden en la participación política y, si lo hacen, qué tipo de efecto produce entre los jóvenes, pone sobre la mesa la necesidad de realizar estudios empíricos que ayuden a dilucidar este problema conceptual (Anduiza et al, 2009). Es en este contexto en el que este trabajo debe situarse. Presentamos un estudio empírico realizado sobre una muestra de 1709 estudiantes de cuarto curso de la ESO del territorio catalán, usando como instrumento de recogida de datos la encuesta detallada en Prats et al (2017) y Prats et al (2016). Mediante este estudio pretendemos averiguar hasta qué punto el nivel de uso de las redes sociales y las fuentes de información clásicas es homogéneo en el colectivo, y qué relación se establece entre la utilización de los medios y el nivel de implicación política de los jóvenes.

El grado de interés político en jóvenes y adolescentes se ha medido tradicionalmente no sólo por el nivel de participación de estos en partidos y compañas políticas —mismos criterios que sus pares adultos (Hooge y Wilkenfeld, 2008) –, sino también por su grado de implicación en actividades cívicas (Torney-Purta, 2002). En nuestro estudio, pese a que el grado de implicación en actividades cívicas también ha sido incluido en la encuesta, se toman como referencia las cuestiones que permiten incluir la intención declarada de interés político del conjunto de los encuestados, para poder contrastarla con la utilización que hacen de dispositivos y fuentes de información.

Con esta premisa, se utilizaron 3 variables (Tabla 1) para establecer el grado de interés político de los encuestados, cuyas respuestas estaban establecidas en una escala de Likert de 5 puntos (1= Totalmente en desacuerdo, 5= Totalmente de acuerdo):

> Q1. Me interesan las cuestiones políticas
> Q2. Siempre intento aprender sobre cuestiones sociales y políticas actuales
> Q3. Cuando tenga 18 años iré a votar de manera regular en las elecciones.

Tabla 1. Niveles de interés político

	M	SD
Q1. Me interesan las cuestiones políticas	2,78	1,280
Q2. Siempre intento aprender sobre cuestiones sociales y políticas actuales	2,90	1,264
Q3. Cuando tenga 18 años iré a votar de manera regular en las elecciones.	3,45	1,267

Las tres variables están además fuerte y positivamente correlacionadas, como sería de esperar (Tabla 2). Otorgando mayor nivel de intención de voto y mayor interés por informarse de asuntos políticos a aquellos que declaran un mayor grado de interés político. Por sexo hay ligeras variaciones siempre tendentes a mostrar un mayor interés político en los chicos, pero se pueden considerar significativas dada la desviación estándar obtenida.

Tabla 2. Correlación entre los elementos de interés político

	Q3.	Q2.
Q1.	0.505**	0.784**
Q2.	0.511**	1

$p<0.01$ (2 colas)

Si bien una parte de la literatura sostiene la idea general de que los adolescentes presentan un alto grado de desafección política, esta idea no se ve reflejada en las intenciones de ejercer el voto de manera regular. Las dos opciones que son favorables rozan el 52% (un resultado similar al de las votaciones municipales de 2015). Entre los 3 no desfavorables se llega al 79% de los adolescentes encuestados.

Además, el desinterés por las cuestiones políticas es relativo, solo el 38,7 % se muestra en desacuerdo o muy en desacuerdo con laQ1 y tan solo 36,6 % se muestra en desacuerdo con la Q2. El resultado parece estar más de acuerdo con las conclusiones obtenidas por Henn et al. (2002) donde se cuestiona la idea general de que los jóvenes no tienen interés en la política. Tema aparte, fuera del alcance del estudio, es si este interés cristaliza posteriormente en una acción política, o se desvanece al no sentirse los jóvenes representados en el panorama político tradicional.

Resultados

Utilización de dispositivos para conectarse a Internet

Antes de explorar el uso de los medios como elementos determinantes en el nivel de interés político, nos preguntamos por el uso común que hacen los jóvenes de dispositivos. Los resultados del uso de dispositivos se midieron en una escala de Likert de 0 a 5. Donde 0 es nunca, 1 es menos de una vez al mes, 2 menos de una vez a la semana, 3 menos de 1 vez al día, 1, entre 2 y 5 veces al día, 5 más de 5 veces al día

Los resultados muestran una clara supremacía de la utilización del teléfono móvil (M=4,24 SD=1,42) frente al ordenador (M=3,54, SD=1,08) o la Tablet (M=1,55, SD=1,772), con ligeras diferencias en sexo siendo ligeramente superior el uso del ordenador (3,72 frente a 3,34) y la Tablet (1,6 frente a 1,51) por parte de los chicos, y de los teléfonos móviles en el caso de las chicas (4,32 frente a 4,18). La alta dispersión en el valor de la utilización de tabletas frente a la baja del uso de ordenadores muestran hasta qué punto la implantación de las tabletas no es aún uniforme en la población frente al ordenador o en menor medida al teléfono móvil como herramienta de acceso a Internet.

Para determinar el nivel de utilización de las redes sociales se les preguntó (de nuevo una escala de Likert de seis puntos) sobre la frecuencia con la que utilizaban las redes sociales, desde qué dispositivos, y preguntándose de cada una de ellas si se utiliza para seguir contactos o consultar contenidos, o se utiliza para crearlos, y en el caso de Twitter se distingue entre crearlos y /o retuitearlos.

Tabla 3. Utilización de SNS según sexo

| | Chicos | | Chicas | | Total | |
Actividad según red social	M	SD	M	SD	M	SD
Facebook. Seguir contactos	3,02	1,59	2,80	1,61	2,91	1,60
Facebook. Crear contenidos	2,30	1,57	2,65	1,56	2,47	1,58
Tuenti. Seguir contactos	0,33	1,01	0,31	0,91	0,32	0,97
Tuenti. Crear contenidos	0,28	0,93	0,29	0,87	0,29	0,91
Twitter. Seguir contactos	1,39	1,76	1,53	1,72	1,46	1,74
Twitter. Retuitear	1,29	1,73	1,70	1,91	1,49	1,83
Twitter. Crear Tuits	1,12	1,60	1,53	1,82	1,32	1,72
Youtube. Mirar vídeos	3,99	1,14	3,77	1,11	3,88	1,13
Youtube. Subir vídeos	0,72	1,27	0,31	0,89	0,52	1,12
Instagram. Subir fotos	1,19	1,54	2,10	1,63	1,63	1,65
Instagram. Comentar fotos	1,24	1,66	2,07	1,72	1,65	1,74
Blogs. Leer blogs	0,88	1,36	1,08	1,46	0,98	1,41
Blogs. Hacer comentarios en blogs	0,45	1,09	0,34	0,91	0,40	1,01
Blogs. Mantener un blog	0,38	1,00	0,38	1,04	0,38	1,03
Forum. Leer fórums	0,71	1,30	0,50	1,08	0,61	1,21
Forum. Escribir a fórums	0,34	0,99	0,12	0,56	0,24	0,84

Los comportamientos de los adolescentes respecto al uso de las redes sociales muestran una alta penetración del uso de Youtube (M= 3,88 SD= 1,13) y Facebook (M= 2,91 SD= 1,60) y en lo referente a la consulta de contenidos, seguidos por Instagram (M= 1,63 SD= 1,65) y Twitter (M= 1,46, SD= 1,74). Mientras en términos de creación de contenidos, es claramente Facebook la SNS más utilizada (M=2,47, SD = 1,57) seguida por Instagram (M=1,65, SD=1,74) y Twitter (m=1,49, SD=1,83). Los datos para Twitter e Instagram presentan una gran asimetría en términos de uso por sexo.

Visualizar videos en Youtube y seguir contactos en el Facebook son las ocupaciones mayoritarias en las redes sociales de los adolescentes encuestados.

Existen sesgos de comportamientos asociados al sexo, en particular en lo referente a la creación de contenidos, siendo los chicos notablemente más activos en fórums, blogs y en especial en Youtube a la hora de generar contenidos, y la chicas en la utilización Twitter y muy especialmente de Instagram (Anexo1).

Los resultados muestran cómo los hábitos de uso de las diferentes redes sociales están íntimamente ligados al tipo de dispositivo. Establecidas las correlaciones entre el nivel de utilización de los dispositivos (ordenador, teléfono móvil o tableta) y el nivel de utilización de las redes sociales, se pueden distinguir claramente elementos de correlación significativos entre estas dos variables (tabla 4).

Tabla 4. Relación entre el uso de dispositivos y SNS

Uso de las SNS	Ordenador	Teléfono móvil	Tableta
Facebook. Seguir contactos	0,109**	0,118**	0,089**
Facebook. Crear contenidos	0,037	0,170**	0,126**
Tuenti. Seguir contactos	0,058*	0,019	0,086**
Tuenti. Crear contenidos	0,060*	0,024	0,098**
Twitter. Seguir contactos	0,114**	0,102**	0,108**
Twitter. Retuitear	0,095**	0,141**	0,093**
Twitter. Crear Tuits	0,103**	0,133**	0,084**
Youtube. Mirar vídeos	0,239**	0,082**	0,115**
Youtube. Subir vídeos	0,190**	-0,018	0,091**
Instagram. Subir fotos	-0,094**	0,267**	0,171**
Instagram. Comentar fotos	-0,045	0,257**	0,200**
Blogs. Leer blogs	0,125**	-0,014	0,038
Blogs. Hacer comentarios en blogs	0,093**	-0,019	0,061*
Blogs. Mantener un blog	0,093**	-0,035	0,036
Forum. Leer fórums	0,140**	-0,075**	0,042
Fórums. Escribir en fórums	0,137**	-0,078**	0,043

** $p < 0,05$; * $p < 0,1$

La utilización de Facebook está correlacionada con el uso de todos los tipos de dispositivos, pero lo que resulta notable es el hecho de que la participación activa en Facebook, (es decir que además de consultar su perfil, postean en él o en otros) está correlacionada con el uso de teléfonos inteligentes y tabletas, pero no con el uso del ordenador. Este comportamiento es análogo en Twitter y especialmente significativo en el caso de Instagram, donde se produce el mayor grado de correlación entre utilización de tabletas y teléfonos inteligentes con la utilización y el comentario de contenidos. Los resultados muestran que existe una correlación negativa entre el uso de Instagram y el del ordenador.

En contraposición a esta tendencia, existe una correlación entre el uso del ordenador y los niveles de uso y participación en fórums y blogs. Esta correlación se establece negativa al valorar la relación del uso de los teléfonos inteligentes y la participación en Blogs y Fórums.

Caso aparte es YouTube, en que las correlaciones son positivas para todo tipo de dispositivo si bien más acentuadas para ordenadores y tabletas, pero especialmente en lo referente a la participación. Este resultado es coherente con las necesidades de ancho de banda ligadas a la publicación de contenidos y a las limitaciones de tráfico establecidas por los operadores para las tarifas más habituales de telefonía móvil.

Establecida la dinámica de comportamiento de los jóvenes respecto a la utilización de dispositivos y redes sociales, hay que ver si estas conductas están relacionadas con las dinámicas de obtención de información, especialmente de información política.

Fuentes de información de los adolescentes

Cuando los adolescentes fueron preguntados sobre los medios y redes sociales que consumen para estar informados, se les presentaban cuatro posiciones[1] en función del uso que se hacen de los medios para informarse de cuestiones políticas (tabla 5).

Tabla 5. Utilización de fuentes de información

Medios y Redes sociales	Utilización %	Utilización para informarse de temas políticos %
Diarios (n=1696)	49,17	20,70
Radio (n=1680)	61,07	10,14
Televisión (n=1681)	94,81	**39,33**
Tuenti (n=1664)	23,62	2,71
Facebook (n=1684)	89,79	8,14
Twitter (n=1675)	53,24	9,20
Instagram (n=166)	62,95	2,06
Blogs (n=1676)	36,87	9,02
Fórums (n = 1672)	29,01	7,96

El medio más utilizado a la hora de informarse (en términos generales) es la televisión, estando Facebook ligeramente por detrás. A continuación vemos que la utilización de la radio es equivalente al uso de Instagram, mientras que los diarios son utilizados como fuentes de información por menos del 50% de los adolescentes. Por tanto en términos generales, las redes sociales están al mismo nivel que las fuentes clásicas de información, pero no por encima de ellas. Los adolescentes han adoptado las redes sociales, como fuentes de información complementarias, pero no sustitutivas a la hora de conformar su información respecto al mundo que les rodea.

Sin embargo, a la hora de informarse de temas políticos, los medios que los adolescentes encuestados eligen son la televisión (39%), los diarios (20%), la radio (10%), Twitter, los blogs y en sexto lugar está Facebook. (8,14%). Los adolescentes siguen considerando que la televisión y los diarios son sus principales fuentes de información política, mientras que reservan las SNS para otros usos. Estos datos contradicen los obtenidos en estudios previos (Mitchell et al., 2015) que afirman que los adolescentes obtienen su información política a través de Facebook, mucho más que a través de los noticiarios tradiciones.

Otra de las asunciones comunes al hablar de las conductas de los adolescentes es que no siguen las noticias en la televisión. Preguntados por sobre qué telenoticias ven de entre los presentados, podían escoger entre tres opciones (Nunca =0, Algunas veces =1, Regularmente=2). El 64,9% de los encuestados afirman ver uno o más telediarios con regularidad, y sólo el 7,7% afirman no ver nunca ningún telediario. De nuevo, estos datos contrastan con buena parte de la literatura (tabla 6).

Tabla 6. Consumo de telenoticias por los adolescentes

Telediarios	Alumnos		Padres	
	M	SD	M	SD
Telenoticias TV3	0,71	0,81	0,99	0,89
8 al día	0,16	0,46	0,40	0,70
Telediario TV1	0,53	0,70	0,86	0,83
Informativos Tele5	0,70	0,79	0,98	0,85
Antena 3 Noticias	0,98	0,80	1,22	0,80
La Sexta Noticias	0,51	0,68	0,84	0,82
La 2 Noticias	0,15	0,42	0,35	0,63
Noticias 4	0,77	0,80	0,92	0,80
Noticias Locales	0,32	0,58	0,46	0,69
Noticias Extranjero	0,35	0,63	0,40	0,71

La diferencia por sexos es mínima (tabla 7), si bien pueden apreciarse diferencias significativas en los telediarios de Telecinco y A3, donde las chicas tienen una presencia mucha más significativa. Las causas de estas diferencias, aunque están fuera del alcance de este trabajo, pueden deberse a un efecto de arrastre de la programación previa de las cadenas (Boemer, 1987).

Tabla 7. Relación entre el consumo de telenoticias y sexo

	Chicos		Chicas	
	M	SD	M	SD
Telenoticias TV3	0,75	0,82	0,67	0,80
8 al día	0,18	0,47	0,14	0,44
Telediario TV1	0,51	0,69	0,54	0,70
Informativos Tele5	0,60	0,75	0,81	0,81
Antena 3 Noticias	0,91	0,79	1,04	0,80
La Sexta Noticias	0,53	0,69	0,48	0,67
La 2 Noticias	0,15	0,42	0,15	0,41
Noticias 4	0,88	0,83	0,65	0,75
Noticias Locales	0,32	0,59	0,31	0,57
Noticias Extranjero	0,32	0,60	0,38	0,66

En esta línea, las correlaciones entre el telediario que se acostumbra a ver y el nivel de interés político muestran una distinción entre dos grupos de telenoticias: aquellos correlacionados con el interés político y aquellos que no lo están, o incluso que lo están negativamente (tabla 8).

Tabla 8. Correlación entre visionado de Telenoticias e interés político

	Q1	Q2	Q3
Telenoticias TV3	,275[**]	,259[**]	,267[**]
8 al día	,155[**]	,122[**]	,104[**]
Telediario TV1	,060[*]	,063[**]	,031
Informativos Tele5	-,028	-,002	-,031
Antena 3 Noticias	-,033	-,003	-,051[*]
La Sexta Noticias	,063[**]	,084[**]	,012
La 2 Noticias	-,010	-,016	-,047
Noticias 4	-,014	,030	,002
Noticias Locales	,039	,033	,035
Noticias Extranjero	,031	,016	-,057[*]

** $p < 0,05$; * $p < 0,1$

Los adolescentes que ven con mayor asiduidad los telenoticias de Televisión de Catalunya, 8 TV, TVE y La Sexta, son aquellos que tienen un mayor interés político. Si bien sólo se establece una correlación positiva entre el visionado de telenoticias y el interés de ejercer el derecho al voto. Este factor puede relacionarse con el mayor consumo de telenoticias en lengua catalana de aquellos colectivos más próximos a posiciones nacionalistas, mucho más movilizados en su intención de voto y consumidores habituales de noticias en esa lengua. Estos resultados están en consonancia con los obtenidos por Muñoz y Tormos (2012), que mostraron la relación existente entre los consumidores de Televisión de Catalunya y el mayor interés político, en particular una mayor tendencia hacia posiciones independentistas.

En paralelo, hay un grupo de noticiarios que se relacionan negativamente (si bien no de manera significativa) con el interés político. Especialmente relevante es el hecho de que el más visto de los telenoticias, Antena 3 noticias, sea el único de entre los telediarios nacionales correlacionado negativamente de manera significativa, con la intención de voto declarada. A la luz de estos datos, podemos afirmar que los sujetos con mayor interés político, eligen unos ciertos canales de televisión para informarse, al igual que eligen unos determinados medios u otros, y que los datos mostrados apuntan a una preocupante relación con la falta de interés político e incluso de interés de participación activa en las elecciones de los adolescentes.

Además, respecto a los medios utilizados para obtener información resulta especialmente significativa la correlación que se establece entre el nivel de interés político declarado por los adolescentes y la utilización de los medios como fuente de información política. A excepción de Tuenti e Instagram, la utilización de los medios de información se correlaciona, como es natural, con el nivel de interés político (tabla 9).

Tabla 9. Utilización de medios para informarse

	Q1	Q2	Q3
DIARIOS	,198[**]	,211[**]	,178[**]
RADIO	,114[**]	,109[**]	,150[**]
TELEVISIO	,094[**]	,114[**]	,087[**]
TUENTI	-,069[**]	-,061[*]	-,028
FACEBOOK	,092[**]	,079[**]	,058[*]
TWITTER	,078[**]	,095[**]	,072[**]
INSTAGRAM	,025	,015	,085[**]
BLOCS	,043	,066[**]	,016
FORUMS	,074[**]	,083[**]	,019
WHATSAPP	,066[**]	,047	,081[**]

** $p<0,05$; * $p<0,1$

Lo que resulta relevante, por tanto, es que son los adolescentes que utilizan los medios clásicos (diarios, radio y televisión) los que demuestran un mayor interés político.

Existen diversas discusiones que dominan la literatura sobre el nivel de participación política de los adolescentes. Por un lado la discusión sobre si los nuevos medios favorecen la participación política (De Zuñiga, 2009), y una segunda ligada al uso de las redes sociales como fuente principal de información política (Yoo y Gil de Zúñiga, 2014). Todo ello dentro de una discusión general sobre la falta de afección política de los jóvenes y adolescentes.

Los datos aportados en este trabajo muestran cómo entre los adolescentes catalanes los medios convencionales son sus fuentes de información política principales, si bien el uso de Facebook, Twitter y fórums, se correlaciona igualmente con un mayor interés político. Una conclusión innegable navega por encima de las dos discusiones, el mayor uso de las fuentes de información se corresponde con una mayor intención de ejercer el derecho al voto. Es decir, parece ser una norma general que el deseo de estar informado y el deseo de expresar la opinión política se ve reflejado en términos de ejercer el derecho al voto.

Tabla 10. Uso de las redes sociales e interés político

Tipo de utilización de las redes	Q1	Q2	Q3
Facebook. Seguir contactos	-,017	-,022	-,027
Facebook. Crear contenidos	-,079**	-,091**	-,050*
Twitter. Seguir contactos	,064**	,070**	,056*
Twitter. Retuitear	,071**	,086**	,061*
Twitter. Crear Tuits	,048	,050*	,040
Youtube. Mirar vídeos	-,010	-,027	-,031
Youtube. Subir vídeos	-,002	-,033	-,040
Instagram. Subir fotos	-,042	-,053*	,020
Instagram. Comentar fotos	-,020	-,037	,061*
Blogs. Leer blogs	,107**	,110**	,030
Blogs. Hacer comentarios en blogs	,034	,046	-,013
Blogs. Mantener un blog	-,027	-,030	-,037
Forum. Leer Fórums	,130**	,134**	,062*
Forums. Escribir a fórums	,081**	,074**	,018

** p<0,05; * p <0,1

Sin embargo, debe matizarse la relación entre el uso de las redes sociales y el interés político de los adolescentes. Mientras que se declara que Facebook es una fuente de información política, los datos muestran que aquellos adolescentes que hacen un uso más intensivo de esta red social, presentan una correlación negativa con el interés político, incluso con la intención de ejercer el voto. Por el contrario, los usuarios de fórums, blogs, y Twitter, pese a ser minoritarios, son los usuarios que muestran un mayor nivel de interés político, unos resultados coherentes con los presentados por estudios anteriores.

La novedad presentada en este estudio es la constatación de que el uso de Facebook, Youtube e Instagram, no está o está negativamente correlacionado con el interés político de los adolescentes. Este resultado viene a aportar luz, con datos empíricos, a la discusión sobre el uso que los adolescentes hacen de sus redes sociales, pudiendo afirmarse, que el uso intensivo que hacen de YTB y Facebook no repercute en un mayor interés por cuestiones políticas ni en una mayor intención a ejercer su derecho a voto. Los resultados confirman los comportamientos observados en el conjunto de la población que relaciona el uso de Twitter como red de información política por excelencia, así como la continuación del uso de blogs y fórums como fuente de información y discusión política.

¿Supone la utilización de las redes sociales una nueva ventana de discusión política dado que facilitan la discusión entre personas de opiniones políticas confrontadas?

Este apartado explora la posibilidad de que la discusión política online suponga una diferencia respecto a la discusión política cara a cara, fomentado esta nueva posibilidad la discusión con personas de ideología diferente. En última instancia, se busca constatar o negar que aquellos que debaten activamente por internet, poseen un mayor interés político que los que no lo hacen.

Los datos reflejados en la tabla 11 nos indican que el nivel de discusión política de los adolescentes es significativamente inferior por Internet que en persona, dato que, de nuevo, esclarece el debate sobre el papel que la discusión política por Internet juega entre los adolescentes.

Tabla 11. Nivel de discusión política presencial y por Internet

	M	SD
¿Con qué frecuencia hablas de política con los amigos?	2,06	0,96
¿Con qué frecuencia hablas personalmente de temas políticos con las personas que tienen ideas muy diferentes de las tuyas?	2,25	1,11
Cuando estás presente en una conversación cara a cara sobre política y se expresan opiniones con las que no estás de acuerdo, ¿con qué frecuencia participas en el debate?	2,86	1,32
¿Con qué frecuencia hablas de política por Internet?	1,46	0,84
En tus relaciones por Internet, con qué frecuencia hablas de temas políticos con las personas que tienen ideas muy diferentes de las tuyas?	1,48	0,88
Cuando ves una conversación en Internet sobre política, y se expresan opiniones con las que no estás de acuerdo, ¿con qué frecuencia participas en el debate?	1,65	1,08

Respecto al lugar donde tiene lugar la discusión política y el nivel de interés político de los adolescentes los resultados se presentan en la tabla 12.

Tabla 12. Lugar de discusión política y nivel de implicación política

Lugar de discusión política: cara a cara	Q1	Q2	Q3
¿Con qué frecuencia hablas de política cara a cara?	,553**	,493**	,373**
¿Con qué frecuencia hablas personalmente de temas políticos con las personas que tienen ideas muy diferentes de las tuyas?	,504**	,469**	,325**
Cuando estás presente en una conversación cara a cara sobre política y se expresan opiniones con las que no estás de acuerdo, ¿con qué frecuencia participas en el debate?	,505**	,467**	,390**

Lugar de discusión política: Internet	Q1	Q2	Q3
¿Con qué frecuencia hablas de política por Internet?	,325**	,311**	,188**
En tus relaciones por Internet, ¿con qué frecuencia hablas de temas políticos con las personas que tienen ideas muy diferentes de las tuyas?	,270**	,282**	,196**
Cuando ves una conversación en Internet sobre política, y se expresan opiniones con las que no estás de acuerdo, ¿con qué frecuencia participas en el debate?	,296**	,296**	,215**

** $p<0,05$; * $p <0,1$

Parece, por tanto, que podemos afirmar que aquellos que habitualmente expresan sus opiniones sobre política cara a cara son los que tienen un mayor nivel grado de interés político. En este sentido, nuestro estudio contradice las conclusiones extraídas por estudios previos que mostraron que la exposición a debates llevados a cabo en Internet aumentaba el interés por la política.

Conclusiones

Los datos obtenidos muestran cómo los adolescentes realizan un uso intensivo de Internet y las redes sociales, y cómo este uso está ligado a los dispositivos utilizados, y que en algunos casos como el de Instagram, pueden observarse diferencias significativas en términos de género.

Pese a que buena parte de la bibliografía constata que el uso intensivo que hacen los adolescentes de Internet, y que se constata en este estudio, es importante para mejorar la participación online, los resultados obtenidos indican que esta utilización no refleja la manera en que Internet actúa como fuente de información política.

Como Ballano et al (2014) también mostraron a partir de un estudio cualitativo basado en 30 grupos focales, las nociones de nativos e inmigrantes digitales no son válidas en tanto en cuanto la capacidad de manejo de las ICT. Es decir, a pesar de que los miembros de la generación Net hayan convivido con las tecnologías de la información y la comunicación desde su nacimiento, poseen una motivación menor ante el aprendizaje de su manejo que las generaciones anteriores. Por ello, tal y como demuestra nuestro estudio, los patrones de uso de estas tecnologías para obtener información no difieren entre los estudiantes de secundaria y sus progenitores. Especialmente significativo resulta el hecho de que para informarse sobre política siguen recurriendo a las mismas fuentes de información (diarios, radio y televisión), pese a ser usuarios intensivos de las redes sociales.

Los resultados de este trabajo sí que permiten profundizar en las conclusiones de Yoo y Gil de Zúñiga (2014), en las que se afirmaba que Blogs, Twitter y Facebook parecen tener diferentes cualidades como medios de comunicación. Y si bien el uso de ellos como fuente de información política por parte de los adolescentes se correlaciona con el grado de interés político (Tabla 9), el análisis del uso que hacen de los mismos nos permite afirmar que en conjunto, tan solo los usos de blogs, fórums y Twitter, se corresponden realmente con un mayor nivel de interés político. Esto plantea importantes reflexiones de cara a futuros trabajos. Los adolescentes parecen tender a afirmar que entre los usos que hacen del conjunto de las redes sociales, está incluido el de su utilización como fuentes la información política, cuando el análisis detallado de sus usos, dista mucho de sostener dichas afirmaciones (Tabla 10), llegando al extremo de establecer correlaciones negativas entre la utilización de algunas redes sociales, Facebook principalmente, y el nivel de interés político de los adolescentes.

Sigue siendo el uso de los telenoticias el medio preferido por los adolescentes para informarse de temas políticos. Profundizando en las cadenas elegidas para realizarlo, se observa que el nivel de consumo es proporcional a las audiencias medias de los mismos. Sin embargo, existe una clara asociación entre el consumo de un subgrupo de ellos y el nivel de interés político de los adolescentes. Esto muestra cómo los adolescentes son activos en su interés político en lo que a la selección de fuentes de información se refiere, lo que nos lleva a cuestionar una parte de la literatura, que asocia a los jóvenes con un alto nivel de apatía respecto a las cuestiones políticas.

Referencias

Anduiza, E., Cantijoch, M. y Gallego, A. (2009). Political participation and the Internet. Information, Communication and Society.12(6), 860-878.

Anduiza, E., Cristancho, C., & Cantijoch, M. (2012). La exposición a información política a través de internet. Arbor, 188(756), 673-688.

Ballano, S., Uribe, A.C. & Munté-Ramos, R-A. (2014). Young users and the digital divide: readers, participants or creators on Internet? Communication & Society, 27(4), 147-155.

Boemer, M. L. (1987). Correlating lead-in show ratings with local television news ratings. Journal of Broadcasting & Electronic Media, 31(1), 89-94.

Boyd, M. J., Zaff, J. F., Phelps, E., Weiner, M. B. y Lerner, R. M. (2011). The relationship between adolescents' news media use and civic engagement: The indirect effect of interpersonal communication with parents. Journal of Adolescence 34.

Brundidge, J., Rice, R. E. (2009). Political engagement online: Do the information rich get richer and the like-minded more similar. In A. Chadwick (Ed.), Routledge handbook of Internet politics (pp.144-156). London, New York: Routledge.

Chadwick, A. (2012). Recent shifts in the relationship between the Internet and democratic engagement in Britain and the United States: granularity, informational exuberance and political learning. In Anduiza, E., Jensen, M. & Jorba, L. (Eds.), Digital media and political engagement worldwide: a comparative study (pp.39-52). Cambridge: Cambridge University Press.

De la Fuente, J. R. (2010). Ciberpolítica, redes sociales y nuevas movilizaciones en España: el impacto digital en los procesos de deliberación y participación ciudadana. Mediaciones sociales, (7), 143-164.

De Zúñiga, H. G., Puig-i-Abril, E., & Rojas, H. (2009). Weblogs, traditional sources online and political participation: An assessment of how the Internet is changing the political environment. New media & society, 11(4), 553-574.

Delli Carpini, M. X., Cook, F. L., & Jacobs, L. R. (2004). Public deliberation, discursive participation, and citizen engagement: A review of the empirical literature. Annual Review of Political Science, 7, 315-344.

Farrell, H. (2012). The consequences of the Internet for politics. Political Science, 15(1), 35-52.

Fishkin, J. S., & Luskin, R. C. (1999). Bringing deliberation to the democratic dialogue. In M. McCombs & A. Reynolds (Eds.), The poll with a human face: The National Issues Convention experiment in political communication (pp. 3-38). Mahwah, NJ: Erlbaum.

Gaines, B. J., Mondak, J. J. (2009). Typing together? Clustering of ideological types in online social networks. Journal of Information Technology & Politics, 6(3-4), 216-231.

Henn, M., Weinstein, M., & Wring, D. (2002). A generation apart? Youth and political participation in Britain. The British Journal of Politics and International Relations, 4(2), 167-192.

Hooge, M and Wilkenfeld, B (2008) The Stability of Political Attitudes and Behaviors across Adolescence and Early Adulthood: A Comparison of Survey Data on Adolescents and Young Adults in Eight Countries. Journal of Youth and Adolescence. 37(2): 155-167.

Huckfeldt, R., & Sprague, J. (1995). Citizens, politics, and social communication: Information and influence in an election campaign. Cambridge, England: Cambridge University Press.

Gastil, J., & Dillard, J. P. (1999). Increasing political sophistication through public deliberation. Political Communication, 16, 3-23.

Mitchell, A., Gottfried, J. and Matsa K.E. (2015) Milennians and Political News, Pew Research Center Analysis. Available in: http://www.journalism.org/2015/06/01 /millennials-political-news/

Moy, P., Gastil, J. (2006) Political Communication Predicting Deliberative Conversation: The Impact of Discussion Networks, Media Use, and Political Cognitions. Political Communication, 23, 443-460.

Muñoz, J., & Tormos, R. (2012). Identitat o càlculs instrumentals? Anàlisi dels factors explicatius del suport a la independència. Barcelona: Centre d'Estudis d'Opinió.

Mutz, D. C., & Martin, P. S. (2001). Facilitating communication across lines of political difference: The role of mass media. American Political Science Review, 95, 97-114.

Prats, J., Salazar-Jiménez, R., & Molina-Neira, J. (2016). Implicaciones metodológicas del respeto al principio de autonomía en la investigación social. Andamios: revista de investigación social, 31(6), 129-154.

Prats-Cuevas, J., Molina-Neira, J., Ruiz-Bueno, A., Molina-Luque, F. (2017). Análisis de las Representaciones e Ideas Sociales del Alumnado en Educación para la Ciudadanía Democrática: Ejemplo de Mixed-methology desde y para la Investigación Transdisciplinar. International Journal of Sociology of Education, 6(1), 1-25.

Price, V., Cappella, J., & Nir, L. (2002). Does disagreement contribute to more deliberative opinion? Political Communication, 19, 95–112.

Putnam, R. D. (2000). Bowling alone: The collapse and revival of American community. New York: Touchstone.

Sturgis, P., Roberts, C., & Allum, N. (2005). A different take on the deliberative poll: Information, deliberation, and attitude constraint. Public Opinion Quarterly, 69, 30-65.

Torney-Purta, J (2002) The School's Role in Developing Civic Engagement: A Study of Adolescents in Twenty-Eight Countries. Applied Developmental Science, 6(4), 203-212.

Wojcieszak, M. E., Mutz, D. C. (2009). Online groups and political discourse: do online discussion spaces facilitate exposure to political disagreement? Journal of Communication, 59(1), 40-56.

Yoo, S.W. & Gil de Zúñiga, H. (2014). Connecting blog, Twitter and Facebook use with gaps in knowledge and participation. Communication & Society, 27(4), 33-48.

CAPÍTULO III

EL REFERÉNDUM DEL 1-O EN CATALUÑA EN LA PRENSA DIGITAL: ANÁLISIS DE LA "ILEGALIDAD" DE LA CONSULTA SOBERANISTA SEGÚN LOS MEDIOS

Dr. Javier de Sola Pueyo
Universidad de Zaragoza, España

Resumen

La Generalitat de Cataluña convocó el 1 de octubre un referéndum unilateral con el fin de que la sociedad catalana votase la independencia o no de la Comunidad Autónoma. Sin embargo, tras ser recurrida la Ley del Referéndum, el Tribunal Constitucional declaró ilegal la consulta y suspendió el texto legislativo catalán. Así, la presente investigación analiza el uso y aplicación del concepto de "ilegalidad" en la cobertura informativa del referéndum por parte de la prensa digital. Se trata de un análisis de contenido de los editoriales publicados por diez de los portales informativos con más impacto, bien en la sociedad española, en su conjunto, bien en la catalana, en particular, medios que, además, responden a perfiles ideológicos, geográficos, culturales y lingüísticos diferenciados.

En ese sentido, el estudio pone de manifiesto que existen diferencias significativas en la cobertura realizada por los diarios tradicionales, incluso los catalanes, con respecto a los de más reciente aparición. En cualquier caso, de los datos obtenidos a lo largo del proceso investigador, se concluye que la prensa digital ha abogado en mayor medida por la utilización de conceptos similares -en muchos casos sinónimos- que por la literalidad del término "ilegal".

Palabras claves

Cataluña, referéndum, prensa digital, *framing*, análisis de contenido.

Introducción

En plena escalada de tensión entre los gobiernos de España y Cataluña, la Generalitat catalana convocó para el 1 de octubre de 2017 un referéndum unilateral para que los ciudadanos votasen la independencia de dicha Comunidad Autónoma. De esta manera, el ejecutivo catalán concretaba un intento de proceso secesionista que había comenzado meses antes con el anuncio de compra de urnas, papeletas y todo el material necesario para la celebración de la consulta.

El referéndum fue suspendido por el Tribunal Constitucional el 7 de septiembre y, finalmente, declarado inconstitucional el 17 de octubre. Pese a estas circunstancias, el *Govern* decidió seguir adelante con el mismo y celebrarlo el 1 de octubre envuelto en un clima de enfrentamiento social y político.

El enfrentamiento político tomó especial notoriedad cuando el 6 de septiembre de 2017 la mayoría independentista formada por Junts Pel Sí y la CUP aprobaron la llamada Ley del Referéndum, una norma con la que se estableció que el referéndum sería vinculante y que, en caso de que el 'Sí' obtuviese la victoria, sin la necesidad de una participación mínima, conllevaría la proclamación de la República Catalana unos días después de la publicación de los resultados oficiales.

A partir de ese momento, se pusieron en marcha una serie de mecanismos judiciales por parte del Estado Español para salvaguardar la unidad territorial e impedir la celebración del referéndum: entre ellas, la incautación de material relacionado con la consulta y un importante despliegue policial en Cataluña desde día antes del 1 de octubre.

La votación, finalmente, se llevó a cabo bajo la pregunta '¿Quiere que Cataluña sea un estado independiente en forma de república?' y logró una participación de más de 2,28 millones de personas, es decir, algo más del 43 por ciento de los habitantes de la Comunidad Autónoma[4]. En la votación, el sí obtuvo el respaldo del 90'18% de los participantes y el no el del 7'83%; hubo, además, un 1'98% de votos en blanco.

Si bien esta investigación se centra en un estudio del papel y el posicionamiento que adoptaron los medios de comunicación en las horas inmediatamente anteriores y posteriores a la celebración del referéndum, y, por tanto, se aleja de las consecuencias que a la postre tuvo la celebración de la consulta independentista, sí es necesario precisar que las medidas adoptadas por la Generalitat tras el referéndum tuvieron como consecuencias que el Gobierno de España decidiese aplicar el artículo 155 de la Constitución en Cataluña y la convocatoria de unas nuevas elecciones autonómicas.

---

4 No puede hablarse de censo electoral porque no se facilitó tal cifra.

De la importancia del tema analizado da buena muestra el hecho de que el 1 de octubre -también los días anteriores y posteriores- los medios dedicaron sus editoriales a este asunto, incluso algunos que habitualmente no publican este género periodístico. En la heterogeneidad de los titulares de los editoriales de aquella jornada[5], se encierra también un escenario de una inusitada complejidad.

Objetivos Generales

En este contexto, la 'cuestión catalana' provocó cierta monopolización informativa en todos los niveles: prensa, radio, televisión y medios digitales centraron sus noticias en lo que estaba sucediendo en Cataluña, entre otras cuestiones, porque nunca antes desde la implantación de la democracia en España se había producido una situación semejante.

La investigación parte de la hipótesis de que los diferentes medios de comunicación digitales analizados van a presentar a sus lectores postulados editoriales no solo distintos, sino también confrontados, y que dichos planteamientos parten de ofrecer enfoques diferentes de una misma realidad. Es decir, que tal y como sostiene la teoría del *framing* (Sádaba, 2006), se 'encuadrará' el proceso soberanista en virtud de unos u otros marcos para hacerlo encajar con los intereses y tesis de cada cabecera digital.

Así las cosas, la presente investigación se plantea los siguientes objetivos:

- Conocer qué postura adoptaron, por separado y en conjunto, cada uno de los medios de comunicación más seguidos en España y en Cataluña en sus editoriales del día 1 de octubre[6].

- Determinar si existe una especie de 'frente común' entre la prensa digital de carácter nacional y en la que se centra en el ámbito catalán, o si esas convergencias y divergencias se pueden asociar a otros factores como el idioma de publicación, los años de existencia del medio, etc.

---

5 Los titulares de los medios digitales analizados el 1 de octubre fueron los siguientes: 20 Minutos: "Convivencia democráctica"; ABC: "Por la unidad de España; Ara: "1-O: civisme i democràcia"; El Mundo: "Ni un minuto que perder frente al independentismo"; El País: "EL PAIS, con el Estatut" y "Frente a la insurrección, la ley pero no solo la ley"; El Periódico de Catalunya: "Fracaso colectivo"; La Vanguardia: "Por el bien de todos"; Nació Digital: "Des de Catalunya, a tots els periodistes lliures del món"; OK Diario: "El diálogo con Puigdemont debe ser aplicar el 155" y "Rajoy ha hecho lo que haría cualquier presidente democráctico"; Vila Web: "Espanya no ha pogut, ni pot, ni podrà" y "Agafem la independencia amb les nostres mans".
6 O, si no publicaron ese mismo día, el inmediatamente anterior, la víspera a la celebración del Referéndum independentista.

- Clarificar en qué medida utilizó, o no, cada cabecera digital uno de los conceptos fundamentales en la celebración del referéndum como es el término 'ilegal'.

- Establecer qué niveles de responsabilidad, en positivo y/o en negativo, conceden los medios de comunicación a algunos de los actores protagonistas del proceso independentista como el entonces presidente de la Generalitat, Carles Puigdemont, los partidos políticos, etcétera.

Método

Para alcanzar los objetivos previamente expuestos, y en aras de lograr una fotografía general del papel de la prensa digital desde el punto de vista editorial, la investigación combina una metodología de análisis contenido cuantitativo (Wimmer y Dominick, 1996; Cea, 2001; Krippendorf, 2004; Sánchez Aranda, 2005; García Ortega, 2010) con el análisis de contenido cualitativo (Delgado, J. M., y Gutiérrez, J., 1994; Calvo, E., 2015), con el fin de lograr la llamada triangulación metodológica (Alzas, Casa, Luengo, Torres y Verissimo, 2016).

Así, se han analizado los editoriales publicados el día 1 de octubre -en plural porque algunas cabeceras publicaron más de uno en esa fecha- en los siguientes medios digitales: *El País, El Mundo, ABC, 20 Minutos, OK Diario, La Vanguardia, El Periódico, Ara, Nació Digital* y *Vila Web*. La elección de estos y no de otros productos digitales se debe, en primer lugar, a que se pretendía obtener los resultados de cinco medios de proyección nacional y otros cinco nacidos en el seno de la sociedad catalana; además, según los datos de audiencias comparados de diferentes indicadores como *ComScore* o la Oficina para la Justificación de la Difusión (OJD), se trata de los portales de prensa digital con más visitantes en toda España, en el caso de los cinco primeros, y en Cataluña, por lo que respecta a los cinco últimos.

En este caso, debido a que el número de unidades de análisis que se recoge es, más bien reducido, se antoja improcedente una apuesta en exclusiva por el análisis de contenido cuantitativo, que sí permite, en cambio, encuadrar y trazar correlaciones de algunos aspectos. Por ello, esta primera revisión de los editoriales se complementa con un análisis cualitativo, mucho más adecuado y pertinente para este tipo de investigaciones. Y es que, en definitiva, como recogen Jankowski y Wester, "la debilidad de cada método simple se compensará con el contrapeso de la fuerza de otro" (1993: 78).

Resultados

En el llamado 'relato de la cuestión catalana', uno de los aspectos que más importancia ha tenido tanto en los discursos de los representantes políticos como en el de los agentes sociales, culturales, económicos, jurídicos y demás es la presentación del referéndum como una cuestión de derecho democrático o como una medida ilegal basada en el derecho establecido.

Esa divergencia también se ha trasladado a los mensajes de los medios de comunicación, que en sus editoriales digitales han presentado planteamientos bien distintos en ese sentido, uno de los capitales para entender y hacer entender a las audiencias- qué ha ocurrido. En este sentido, como se aprecia en el Gráfico 1, el referéndum se presenta como una consulta "ilegal" en el 30,8% de los editoriales, mientras que en el 46,2% de los mismos no aparece escrito ese término. Es interesante comprobar la existencia de una tercera tendencia, la de los editoriales que sí emplean la palabra "ilegal", pero la relacionan en todo momento con la forma que tiene el Estado Español la consulta soberanista para dejar meridianamente claro que el propio medio no considera en absoluto ilegal el referéndum.

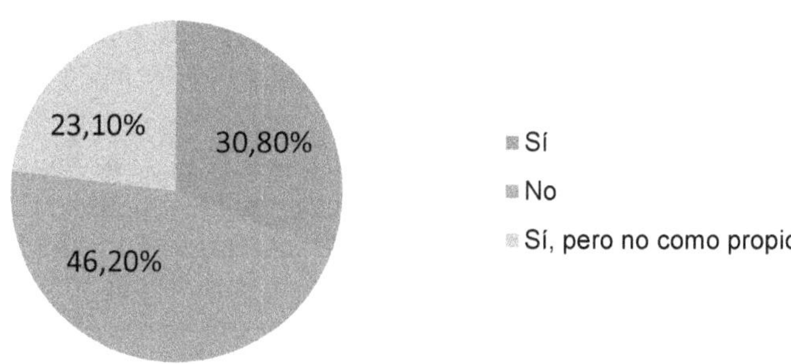

Gráfico 1. Empleo del término ilegal para referirse al referéndum. Elaboración propia.

Si nos detenemos en analizar la utilización del concepto "ilegal" en cada caso, podemos observar que las cabeceras digitales que sí lo hacen suyo son *El País*, *La Vanguardia* y *OK Diario*. Los tres diarios constituyen un bloque que, como se ha visto, representa una idea global que supone el 30,8% del enfoque editorial.

En el primer caso, resulta interesante comprobar que *El País* sí utiliza el término en uno de los editoriales que publicó, pero no así en el otro. Mientras que en el primero señala que "la ilegal consulta derivada de aquellos textos, ya suspendidos por los tribunales, culminaría hoy con la votación sin garantía ninguna, y con la consecutiva proclamación, o declaración, unilateral de independencia", en un segundo editorial recurre a expresiones que, aunque en esa misma línea, no conllevan la utilización de dicho vocablo: "[...] La eventual celebración de una consulta popular suspendida por el Tribunal Constitucional".

El análisis de los editoriales del 1 de octubre pone de manifiesto que *OK Diario* se constituye como el medio más beligerante con el referéndum, ya que publica dos editoriales y en ambos habla de convocatoria "ilegal". De hecho, en el primero lo repite en dos ocasiones: "Rajoy ha hecho bien en denunciar la ilegalidad que invalida el no-referéndum", considera primero; y añade: "Una iniciativa ilegal estaba condenada al fracaso". En la misma línea, en un segundo editorial vuelve a ahondar en dos ocasiones en la "ilegalidad" del referéndum: "El presidente del Gobierno, Mariano Rajoy, ha garantizado la seguridad de los ciudadanos catalanes ante la amenaza violenta e ilegal de la minoría independentista", sostiene el editorial de *OK Diario*, y lo hace además en el primer párrafo del artículo, lo que demuestra un interés por dejar claro desde el primer momento su concepción de un aspecto sobre el que vuelve a insistir unas líneas después: "La presencia de las Fuerzas y Cuerpos de Seguridad del Estado en Cataluña se antojaba imprescindible durante la celebración del referéndum ilegal".

El tercero de los medios digitales que se refiere al referéndum literalmente como "ilegal" -más adelante se comprobará que también de manera indirecta- es *La Vanguardia*. "Una consulta ilegal como esta no arroja resultados homologables", argumenta el diario en su edición digital.

De acuerdo con los resultados obtenidos, se dibuja un segundo frente en los editoriales de la prensa digital analizada: el de aquellas cabeceras que sí emplean el término "ilegal" cuando hablan del referéndum, pero que precisan que la ilegalidad de la que departen no viene dada por sus postulados editoriales, sino por las sentencias de los tribunales españoles o por las medidas llevadas a cabo por el presidente del Gobierno, Mariano Rajoy. En este segundo grupo se enmarcan los editoriales de *20 Minutos*, *Ara* y *Nació Digital*, que utilizan, respectivamente, expresiones como "declarado ilegal por el Tribunal Constitucional", "[...l referèndum sobre si volem ser un estat independent o volem seguir formant part d´Espanya, que se celebra avui convocat pel Govern amb l´oposició de l´Estat, que el considera il-legal, de ben segur que esdevindrà una fita en la historia del país" y "La votació ha estat declarada il-legal per l`estat espanyol, que l' ha perseguida a través de tots els instruments al seu abast".

Por último, en el marco de quienes no emplean literalmente el término "ilegal" para hacer referencia a la consulta convocada por la Generalitat de Cataluña encontramos las ediciones digitales de *ABC*, *El Mundo*, *El Periódico de* Catalunya, uno de los dos editoriales de *El País* y los dos editoriales de *VilaWeb*. Sin embargo, sería equivocado concluir que lo hacen de acuerdo a las mismas motivaciones.

ABC, en su editorial titulado "Por la unidad de España", no emplea literalmente el término "ilegal", pero sí deja clara su oposición a la convocatoria con expresiones como "El proceso separatista ha puesto a Cataluña bajo la dictadura de un grupo de extremistas" o "España es una nación que no puede ser humillada por un nacionalismo traidor y desleal". Y, en añadidura a las anteriores, cierra con una última frase muy significativa y que, de manera indirecta, viene a definir como ilegal la consulta: "Porque nada hay por encima de la Ley, la democracia y la libertad".

En la misma línea que *ABC*, *El Mundo* titula su editorial "Ni un minuto que perder frente al independentismo" y, aunque tampoco lo tacha el referéndum como "ilegal", en el texto se recogen frases que vienen a decir lo mismo como "Incumplía la legalidad constitucional y el Estatut: también una veintena de puntos de la denominada ley del referéndum" o "Ante esta flagrante insurrección al orden legítimo". Algo similar ocurre en el caso del editorial publicado por *El País* en el que no emplea directamente el término ilegal, pero sí de un modo indirecto y claro: "Y lo han hecho con desprecio a la Constitución, al Estatuto de Cataluña, a sus representantes democráticos y al espíritu y la letra del Código Penal".

Asimismo, *El Periódico de Catalunya*, en el editorial titulado "Fracaso colectivo", en el que llama al diálogo y al entendimiento de todos los actores políticos implicados en el proceso independentista, recoge tres afirmaciones en las que, pese a no emplear literalmente el término "ilegal", también deja muestra fehaciente de que así considera el referéndum. Son las siguientes: "Un referéndum que se llevó a cabo sin garantías democráticas de ningún tipo", "La desproporcionalidad de la acción policial de ayer no convierte el referéndum en legal, ni sus resultados en democráticos" y "Una convocatoria [...] violentando las reglas del juego democrático y vulnerando el ordenamiento jurídico en vigor, el Estatut y la Constitución".

La única cabecera digital que no utiliza en sus editoriales -son dos- el término ilegal es *VilaWeb*, y además no lo hace ni directa ni indirectamente. Esta cabecera se aleja del debate sobre la legalidad jurídica de la convocatoria y centra sus editoriales en la necesidad de proclamar la independencia de Cataluña: "Era l' única eixida raonable després de tot a ixó que ha passat", dice. Y no solo silencia la posible responsabilidad legal de la convocatoria, sino que traslada los problemas de legitimidad al Estado Español con mensajes como este: "Espanya s' ha deslegitimat per sempre més per a defensar res, per a demanar res, ni tan sols per a opinar res sobre Catalunya. Avui ha deixat de ser un interlocutor, convertida literament en un poder colonial, posat al caire de la derrota".

Pero, al margen de la utilización del término "ilegal" en su sentido más estricto, cabe destacar que en los editoriales analizados sí se utilizan expresiones similares y que también vienen a dejar constancia de la ilegalidad de la consulta según los medios en el 69,2% de los casos. Algunas de esas expresiones ya se han comentado anteriormente, y a ellas podrían añadirse otras como: La convivencia debe asentarse en el respeto a la legalidad democrática" (*20 Minutos*); "Aun si la demanda como tal fuera legítima, la vía no lo era en absoluto" (*20 Minutos*); "No reúne los mínimos requisitos democráticos ni presenta las garantías imprescindibles. Por supuesto, vulnera y violenta el marco de la legalidad constitucional. Pero es que además desatiende los preceptos de la Ley del Referéndum aprobada en el *Parlament*" (*La Vanguardia*); "[...] Un procedimiento que se define en conjunto por su irregularidad" (*La Vanguardia*); "Porque se trata del derribo de las normas máximas de convivencia" (*El País*)...

Resultan interesantes, además, algunos otros datos que arroja el análisis de contenido cuantitativo -y que, en última instancia, para tener mayor validez deberían ser refrendados con un estudio más exhaustivo- como que cuando se emplean términos y/o expresiones similares a "ilegal", estas se repiten tres o más veces en un mismo editorial en el 66,6% de los casos; mientras que cuando se emplea literalmente el término "ilegal", este aparece una única vez mayoritariamente (57,1%).

Esta heterogeneidad que se aprecia a la hora de determinar la legalidad o no de la consulta soberanista, vuelve a repetirse cuando se estudia las responsabilidades que detectan las cabeceras digitales analizadas para que se haya producido esta situación de enfrentamiento en Cataluña. En este sentido, podemos apreciar nuevamente un amplio abanico que va desde la personalización en algunas autoridades catalanas, como por ejemplo el presidente de la Generalitat, Carles Puigdemont, hasta el presidente del Gobierno de España, Mariano Rajoy.

Así, *El Mundo* señala que "los máximos culpables del desastroso espectáculo que las calles de Cataluña ofrecieron este domingo al mundo son aquellos que decidieron tomar a la parte adicta de su propia sociedad como rehén de un proyecto unilateral de segregación, vestido de designio patriótico. Y esos son Puigdemont, Junqueras, Forcadell y el resto de cabecillas cuyo comportamiento ya no puede ser juzgado por un editorial, sino por un tribunal". En la misma línea, *El País* sostiene: "Los culpables principales son el presidente de la Generalitat y la presidenta del Parlament que hace pusieron en marcha un proceso destinado a enfrentar a los catalanes entre sí y a Cataluña con el resto de España".

Coinciden con los anteriores en atribuir una responsabilidad notable a Carles Puigdemont otras cabeceras como *El Periódico de Catalunya*, que señala: "Carles Puigdemont cometió anoche un error que puede tener consecuencias gravísimas". Y también *OK Diario*: "El diálogo con Puigdemont debe ser aplicar el 155".

En lo que a atribución de responsabilidades sí se aprecian diferencias notables de todas las cabeceras analizadas que publican en castellano con las que solo lo hacen en catalán. *Ara, Nació Digital* y *VilaWeb* exoneran de responsabilidad a las instituciones catalanas y culpan de la situación únicamente al Gobierno Central: "Tots sabem que aixó que ha passat no és un problema de Rajoy. O, en tot cas, tots sabem que Rajoy és un problema seu, però ja no és problema nostre. Ni oblidem ni oblidar em mai que el PSOE i el PSC han fet costat, fermament, al president del govern espanyol i són corresponsables de la violencia que s'ha abocat sobre Catalunya", publica *VilaWeb* en uno de sus dos editoriales.

Esta lectura última sobre el papel de Rajoy es, como se puede entender, diametralmente opuesta a la que presenta OK Diario, que, como ABC, se alinea con el presidente del Gobierno y afirma: "Rajoy ha hecho lo que haría cualquier presidente democrático".

Por último, el análisis de los editoriales también permite discernir otro factor especialmente para el futuro a corto, medio y largo plazo: las soluciones que plantea cada medio digital para solucionar el conflicto. Y, como en los casos anteriores, en este punto también se aprecia una pluralidad absoluta.

Y es que las soluciones que plantean los medios comienzan por la defensa de la unidad nacional de España, como sostiene *ABC*, llegando a la aplicación si es necesario del artículo 155 de la Constitución y la suspensión de la autonomía de Cataluña. Idea esta última que apreciamos en *OK Diario* y *El Mundo*, por ejemplo cuando este último sostiene "[…] lo que incluye la aplicación inmediata del artículo 155 o la Ley de Seguridad Nacional". Pero también pasan por el diálogo y la negociación, como defienden *El Periódico de Catalunya* -"Igual que antes, solo hay una salida, si cabe más acuciante una vez se han cruzado todas las líneas rojas: diálogo político y responsabilidad dentro del mercado legal del que se dotaron una amplísima mayoría de los catalanes. Todo lo demás conduce al abismo"-, *El País* -"Contribuir a revisar la Constitución, abrazar los principios federales que subyacen en la España de las autonomías y buscar el consenso político necesario que evite la división entre españoles", *La Vanguardia* -"Un referéndum debe pactarse previamente en el marco de la Constitución. No hay otra vía"- y *20 Minutos*, con expresiones como las que ya se han recogido con anterioridad.

En un prisma bien distinto volvemos a encontrar de acuerdo a los resultados obtenidos en la investigación a los tres medios que publican sus editoriales en catalán. Y nuevamente con diferencias entre sí, ya que VilaWeb es el único que con rotundidad habla de la necesidad de proclamar cuanto antes la independencia como solución a todos los problemas de Cataluña al explicar: "Agafem la independencia amb les nostres mans. […] El president Carles Puigdemont ha anunciat de manera oficial que demanarà al Parlament de Catalunya que procedesca a declarar la independencia del Principat tan aviat com siga possible".

Y, sin embargo, la solución que tanto *Ara* como *Nació Digital* consideran que remediaría la 'crisis catalana' no es otra que el propio referéndum acerca del cual están 'editorializando'. Este hecho queda argumentando cuando, por ejemplo, el editorial de *Ara* explica: "Es tracta d'una convocatoria fruit del mandat electoral d'una majoria absoluta parlamentària". "[…]

S' hagi convertit també en una batalla per la democràcia i la llibertat d' expressió.

Discusión y conclusiones

De la investigación realizada sobre los editoriales publicados por la prensa digital en relación con la consulta soberanista del 1 de octubre en Cataluña pueden extraerse las siguientes conclusiones.

Primera. Existen diferencias significativas en la cobertura periodística realizada por los diarios tradicionales con presencia en Internet, incluso los catalanes, con respecto a los más recientes. Pero esos dos 'frentes comunes' que se dibujan, crítica con el referéndum uno, favorable a la consulta el otro, sí tienen un rasgo en común, el más importante: y es que en la mayoría de los casos son beligerantes con la posición contraria a la que el medio en cuestión plantea.

En ese sentido, y aunque se encuentran llamadas al diálogo en algunos momentos, la defensa de los valores asumidos, definitorios de la línea editorial de cada medio, se imponen a otras cuestiones. Y plantean el debate de cuál debe ser el papel de los medios de comunicación ya no solo en el conflicto catalán, sino en un escenario más general o en cualquier otro contexto similar al que se vive en Cataluña en nuestros días.

Segunda. La prensa digital ha utilizado en mayor medida expresiones similares al concepto de ilegalidad que el propio término "ilegal" para referirse a la consulta independentista. Esta cuestión abre el debate de si la decisión responde a un ejercicio de especial prudencia por parte de los medios de comunicación en línea con la responsabilidad que se les presupone a todos ellos, más aún en un contexto socio-político de tensión, o si, por el contrario, se corresponde, más bien, con una especie de salvaguarda jurídica, puesto que la Ley del Referéndum no fue anulada por el Tribunal Constitucional, en realidad, hasta bien entrado el mes de octubre.

Tercera. En relación con lo anterior, cabe concluir que la prensa digital es consciente de la importancia de utilizar o no el término "ilegal" literalmente. Hasta tal punto que, cuando así se emplea, mayoritariamente se hace en lugares de privilegio de la información (titulares, antetítulos y/o subtítulos, entradillas, destacados, primer párrafo, etc.). Sin embargo, los conceptos que vienen a significar lo mismo que "ilegal", pero que no son literales, son relegados a párrafos intermedios o al final de las publicaciones periodísticas.

Cuarta. Este estudio, en cualquier caso, es una primera aproximación a otras investigaciones más ambiciosas relacionadas con este mismo asunto, investigaciones que serán más exhaustivas desde el punto de vista cuantitativo, que abarcarán un espacio temporal más amplio y que se detendrán también en el análisis del discurso desde un prisma cualitativo.

Referencias bibliográficas

Alzas, T., Casa, L., Luengo, R., Torres, J. L., y Verissimo, S. (2016). Revisión metodológica de la triangulación como estrategia de investigación. CIAIQ. Investigación Cualitativa en Ciencias Sociales, 3, 639-648. Consultado el 16 de diciembre de 2017. [Disponible en http://proceedings.ciaiq.org/index.php/ciaiq2016/article/view/1009/985].

Calvo, E. (2015). Análisis cualitativo y tendencias de los participantes (profesionales y académicos) en eventos realizados en España sobre periodismo digital y redes sociales. Madrid: *Estudios sobre el mensaje periodístico*, 21, 35-48.

Cea, M. (2001). Metodología cuantitativa: estrategias y técnicas de investigación social. Madrid: Síntesis.

Convivencia democrática (2 de octubre de 2017). *20 Minutos* (Editorial) Recuperado de http://www.20minutos.es/opiniones/convivencia-democratica-editorial-20minutos-3149805/ (3 de octubre de 2017).

Delgado, J. M., y Gutiérrez, J. (Eds.) (1994). Métodos y técnicas cualitativas de investigación en ciencias sociales. Madrid: Síntesis.

Des de Catalunya, a tots els periodistes lliures del món. (3 de septiembre de 2017). *Nació Digital* (Editorial). Recuperado de https://www.naciodigital.cat/noticia/139488/editorial/des/catalunya/tots/periodistes/lliures/mon (3 de octubre de 2017).

El diálogo con Puigdemont debe ser aplicar el 155 (2 de octubre de 2017). *OK Diario* (Editorial). Recuperado de https://okdiario.com/opinion/2017/10/02/dialogo-puigdemont-debe-ser-aplicar-155-1374966 (3 de octubre de 2017).

EL PAÍS, con el Estatut (1 de octubre de 2017). *El País* (Editorial). Recuperado de https://elpais.com/elpais/2017/09/30/opinion/1506785643_979097.html (3 de octubre de 2017).

Fracaso colectivo (2 de octubre de 2017). *El Periódico de Catalunya* (Editorial). Recuperado de http://www.elperiodico.com/es/opinion/20171002/fracaso-colectivo-editorial-de-el-periodico-referendum-puigdemont-rajoy-6325387 (3 de octubre de 2017).

Frente a la insurrección, la ley pero no solo la ley (2 de octubre de 2017). *El País* (Editorial). Recuperado de https://elpais.com/el-pais/2017/10/01/opinion/1506880075_521544.html (3 de octubre de 2017).

García Ortega, C. (2010). Tipología de métodos de investigación aplicados a un proyecto, en C. Marta Lazo (coord.), *El EEES y el Proyecto Final en los Grados de Comunicación* (pp. 72-90). Madrid: Fragua.

Jankowski, N., y Wester, F. (1993). La tradición cualitativa en la investigación sobre las ciencias sociales: contribuciones a la investigación sobre la comunicación de masas, en K. Jensen y N. Jankowski (Eds.), *Metodologías cualitativas de investigación en comunicación de masas* (pp. 57-91). Barcelona: Bosch, 57-91.

Krippendorff, K. (2004). Content Analysis. And Introduction to its Methodology. Los Ángeles: Sage.

Ni un minuto que perder frente al independentismo (1 de octubre de 2017). *El Mundo* (Editorial). Recuperado de http://www.el-mundo.es/opi-nion/2017/10/01/59d149cde2704ef9528b4625.html (3 de octubre de 2017).

1-O: civisme i democracia (1 de octubre de 2017). *Ara* (Editorial). Recuperado de https://www.ara.cat/opinio/civisme-democra-cia_0_1879612115.html (3 de octubre de 2017).

Partal, V. (1 de octubre de 2017). Agafem la independència amb les nostres mans *VilaWeb* (Editorial). Recuperado de https://www.vila-web.cat/noticies/agafem-la-independencia-amb-les-nostres-mans/ (3 de octubre de 2017)

Partal, V. (1 de octubre de 2017). *Espanya no ha pogut, ni pot, ni podrá* . *VilaWeb* (Editorial). Recuperado de https://www.vilaweb.cat/no-ticies/espanya-no-ha-pogut-ni-pot-ni-podra/ (3 de octubre de 2017).

Por el bien de todos (1 de octubre de 2017). *La Vanguardia* (Editorial). Recuperado de http://www.lavanguardia.com/opi-nion/20171001/431684601183/por-el-bien-de-todos.html (3 de octubre de 2017).

Por la unidad de España (1 de octubre de 2017). *ABC* (Editorial). Recuperado de http://www.abc.es/opinion/abci-unidad-espana-201710010246_noticia.html] (3 de octubre de 2017).

Rajoy ha hecho lo que haría cualquier presidente democrático (2 de octubre de 2017). *OK Diario* (Editorial). Recuperado de https://okdiario.com/opinion/2017/10/02/rajoy-hecho-lo-haria-cualquier-presidente-democratico-1375416 (3 de octubre de 2017).

Sádaba, T. (2006). Framing: una teoría para los medios de comunicación. Pamplona: Ulzama.

Sánchez Aranda, J. J. (2005). Análisis de contenido cuantitativo de medios, en M. R. Berganza Conde y J. A. Ruiz San Román, *Investigar en Comunicación. Guía práctica de métodos y técnicas de investigación social en Comunicación* (pp. 207-228). Madrid: McGraw Hill.

Wimmer, R., y Dominick, JR. (1996). La investigación científica de los medios de comunicación. Una introducción a sus métodos. Barcelona: Bosch.

CAPÍTULO IV

ESTRATEGIA DE LOS CANDIDATOS POLÍTICOS EN TWITTER: ANÁLISIS DE LAS CUENTAS DE MARIANO RAJOY Y PEDRO SÁNCHEZ EN LAS ELECCIONES GENERALES DE 2015

Dra. Carmela García Ortega
Universidad San Jorge, España
Sandra Pallarés Navarro
Universidad San Jorge, España

Resumen

El presente trabajo analiza el uso que hicieron Mariano Rajoy y Pedro Sánchez de sus cuentas de Twitter durante la campaña de las elecciones generales del 20 de diciembre de 2015. El estudio se lleva a cabo mediante un análisis de contenido cuantitativo basado en la aplicación de un código de elaboración propia a cada uno de los tuits publicados en las cuentas de los políticos del PP y del PSOE durante los días de estudio. El periodo comprendido en el análisis va desde el 4 de diciembre de 2015, día en el que comienza la campaña electoral, hasta el 20 de diciembre del mismo año, jornada de celebración de las elecciones. En total, se analizan 1.263 unidades.

Mediante el análisis estadístico de los datos obtenidos se pretende estudiar la estrategia seguida por los dos políticos en sus cuentas de Twitter. Para ello, se identifican los temas centrales que articularon el discurso de ambos en la red social y se examina el uso de los distintos recursos que ofrece la plataforma, como etiquetas, imágenes y vídeos. Además, el código de análisis utilizado permite estudiar el empleo que hicieron los candidatos de menciones y retuits para concluir si los políticos aprovecharon realmente la potencialidad de Twitter para interactuar con otros usuarios o bien mantuvieron una estrategia unidireccional en la red social.

Palabras claves

Twitter, campaña electoral, interacción, discurso

Introducción

Las elecciones generales del 20 de diciembre de 2015 supusieron el fin del bipartidismo en España y abrieron un nuevo escenario en el panorama político nacional, pues permitieron la entrada en el hemiciclo de dos nuevas formaciones: Podemos (que unido a sus confluencias alcanzó 69 escaños) y Ciudadanos, que obtuvo 42 diputados.

Debido a la imposibilidad para lograr el apoyo necesario para convertirse en presidente del Gobierno, Mariano Rajoy renunció a ser el candidato a la investidura, a pesar de ser el líder del partido mayoritario en el Congreso (123 diputados). Así las cosas, el rey Felipe VI propuso como candidato a Pedro Sánchez, el líder del segundo partido más votado, el PSOE, que había obtenido 90 representantes. Su fallida investidura provocó la disolución de las Cortes y la convocatoria de unas nuevas elecciones, que se celebraron el 26 de junio de 2016.

Esta situación, inédita en la historia reciente de España, ha despertado el interés de algunos académicos, que han tratado de aportar algo de luz acerca de las características de la primera de esas dos campañas electorales. Del Rey (2016) explica el importante papel jugado por la televisión en plena era de Internet. López-García, por su parte, señala que la fuerte mediatización de la campaña no se limitó a la televisión, sino que la prensa, los nuevos medios digitales y las redes sociales también tuvieron un papel relevante (2016).

De entre todas las redes sociales, Twitter "ha tenido una importancia creciente en las campañas electorales" (Campos-Domínguez, 2017: 785). Se trata de una plataforma capaz de marcar la agenda política por "su capacidad para condensar mensajes de todo tipo en un espacio breve, así como [por] el carácter público de dichos mensajes y su posible difusión a gran escala" (López García, Gámir Ríos, García Ull, Llorca Abad, Cano Orón y González Esteban, 2015: 217). En el caso español, los principales líderes políticos comenzaron a utilizarla en las elecciones generales de 2011, lo que dio lugar a las primeras investigaciones que trataban de conocer cómo era ese uso (Zugasti y Sabés, 2015; García Ortega y Zugasti, 2014; Zamora y Zurutuza, 2014; Lafuente y Verón, 2013; López Abellán, 2012). Tras esos primeros trabajos, se han publicado otros en relación con las elecciones europeas de 2014 (Zugasti Azagra y Pérez González, 2015; Pérez González, 2015), las municipales de 2015 (García Ortega, 2016; Quevedo, Portalés-Oliva y Berrocal, 2016), las autonómicas de 2015 (Zamora Medina, Sánchez Cobarro y Martínez Martínez, 2017; Marín y Díaz, 2016; García Ortega, 2016; Zugasti, 2016; López García, Cano Orón y Argilés Martínez, 2016) y las generales de 2015 (Jivkova-Semova, Requeijo-Rey y Padilla-Castillo, 2017; Alonso-Muñoz, Miquel-Segarra y Casero-Ripollés, 2016). Estos son solo algunos ejemplos que ponen de manifiesto cómo Twitter se ha convertido en una herramienta más en campaña electoral, independientemente del color político del candidato y del ámbito de los comicios (local, autonómico, nacional o europeo).

Esta red hace posible que los políticos puedan "interactuar con los ciudadanos, crear comunidades y establecer un modelo de comunicación bidireccional" (Rodríguez Andrés y Ureña Uceda, 2011: 90). Sin embargo, "existen muy pocas evidencias de que los políticos dialoguen en Twitter con gente que no forme parte de su ámbito o de los medios" (Alonso-Muñoz, Miquel-Segarra y Casero-Ripollés, 2016: 44). De este modo, las posibilidades para la interacción no han sido aún explotadas por los políticos españoles, que tienden a utilizar Twitter con un claro enfoque autorreferencial, es decir, como una especie de tablón de anuncios a través del cual dar a conocer a sus seguidores su agenda durante la campaña (Pallarés Navarro y García Ortega, 2017; García Ortega y Zugasti, 2016; Zugasti y Pérez, 2016)

La presente investigación trata de aportar luz en este sentido y, para ello, se centra en el uso que los líderes de los dos partidos más votados en las elecciones del 20 de diciembre de 2015 hicieron de Twitter durante la campaña. Se parte de la hipótesis de que Mariano Rajoy y Pedro Sánchez aprovecharon algunos de los recursos que ofrece Twitter, como las etiquetas, la opción de compartir enlaces o la posibilidad de incluir fotos y vídeos. Sin embargo, estimamos que los dos candidatos apenas emplearon esta red social para conversar con los ciudadanos a través de menciones y retuits. En este sentido, consideramos que los dos líderes interactuaron más con otros políticos afines ideológicamente que con los electores. Para terminar, creemos que tanto el político popular como el socialista se sirvieron de esta red social para hablar, fundamentalmente, de su campaña. No obstante, pensamos que existieron algunas diferencias en relación con los temas abordados por uno y por otro.

Objetivos Generales

El objetivo general de la investigación es analizar la estrategia seguida por Mariano Rajoy y Pedro Sánchez en sus cuentas de Twitter durante la campaña de las elecciones generales de 2015 para determinar si los candidatos aprovecharon la red social para interactuar con los ciudadanos o si, por el contrario, mantuvieron una estrategia unidireccional y se limitaron a lanzar mensajes propagandísticos.

Junto a este objetivo general, se plantean unos objetivos específicos:

O1: Estudiar los temas centrales del discurso de los dos políticos para averiguar si se empleó Twitter para dar a conocer y debatir sobre el programa electoral de cada candidato o bien como mera herramienta de difusión de los actos de campaña.

O2: Analizar el uso de menciones y retuits para determinar si los candidatos utilizaron el potencial dialógico de Twitter para interactuar con los ciudadanos o únicamente para comunicarse con su propio partido.

O3: Estudiar el empleo de *hashtags* para identificar las etiquetas más repetidas y establecer si este recurso se utilizó como herramienta propagandística para difundir el eslogan de campaña.

Método

La metodología seguida en esta investigación es el análisis de contenido cuantitativo puesto que es una técnica que permite "la cuantificación de los contenidos manifiestos de la comunicación" (Cea, 2001: 352) y facilita el estudio de un gran volumen de información. Se aplica un código de análisis a cada tuit publicado en las cuentas de los dos políticos durante el periodo de estudio. De esta forma, la muestra está compuesta por todos los mensajes aparecidos en las cuentas de los dos candidatos. En total, se estudian 1.263 tuits, 642 publicados por Mariano Rajoy y 621, por Pedro Sánchez.

El código de análisis es de elaboración propia y estudia el contenido de las publicaciones compartidas por los dos candidatos. Está compuesto por categorías que permiten identificar los temas principales de los mensajes con el objetivo de estudiar en torno a qué asuntos articularon los dos políticos su discurso en la red social.

Además, se incluyen en el código variables para analizar si los dos candidatos aprovecharon la potencialidad que ofrece Twitter para interactuar con otros usuarios o si, por el contrario, mantuvieron una estrategia de comunicación unidireccional. Con este objetivo se mide el empleo que hacen los dos políticos de los retuits y las menciones. También se estudia el uso de imágenes, vídeos, enlaces y *hashtags* en los mensajes.

El periodo analizado va desde el 4 de diciembre de 2015, día en el que comenzó la campaña electoral, hasta el 20 de diciembre del mismo año, cuando se celebraron las elecciones.

Resultados

Tras el estudio de los 1.263 mensajes publicados por Rajoy y Sánchez durante la campaña electoral, se observa en la tabla 1 que los dos candidatos tuvieron una actividad muy similar en sus cuentas de Twitter, ya que publicaron prácticamente la misma cantidad de mensajes.

Tabla 1. Número de mensajes por candidato

Candidato	Número de tuits	Porcentaje
Mariano Rajoy	642	50,8%
Pedro Sánchez	621	49,2%
Total	**1.263**	**100%**

En cuanto al empleo de los *hashtags*, recogido en la tabla 2, Mariano Rajoy incluyó al menos una etiqueta en el 90,7% de sus mensajes. Por su parte, Pedro Sánchez lo hizo en el 75,8% de los suyos. Al analizar los *hashtags* más utilizados por los dos líderes políticos, se obtiene que Rajoy empleó principalmente las etiquetas #EspañaEnSerio (18,2%), #L6NCalleRajoy (9,7%), #PartidoPopular (7,2%) y #España (5,9%). En el caso de Sánchez sobresalen los *hashtags* #VotaPSOE (16,1%) #PSOE (7,1%), #ElCambioVotaPSOE (5,6%) y #UnFuturoParaLaMayoria (5,5%).

Como se puede ver, los dos candidatos eligieron una etiqueta que repitieron en más del 15% de sus publicaciones. En el caso del político del PP, coincide con el eslogan de campaña, "España en serio". En el del PSOE, es una petición explícita de voto. Hay que destacar la diferencia que hay en el uso de *hashtags* que hacen los políticos del PP y del PSOE con el que tienden a hacer los candidatos de las nuevas formaciones. Por ejemplo, Pablo Iglesias basó su estrategia en Twiter durante las elecciones del 20D y el 26J en el uso de muchas etiquetas distintas. Estos *hashtags* ya no se correspondían con el eslogan de campaña, sino que se empleaban para identificar el tema del mensaje, hablar de actos concretos o lanzar mensajes de ánimo para sus votantes (Pallarés Navarro y Verón Lassa, 2017).

Por tanto, los políticos de las nuevas formaciones tienden a hacer un uso de los *hashtags* como recursos temáticos que varían en función del asunto del mensaje. En cambio, los candidatos del PP y del PSOE insisten mucho más en la repetición de una misma etiqueta.

Tabla 2. Empleo de *hashtags* por candidato

Hashtag	Candidato	
	Rajoy	Sánchez
Sí	90,7%	75,8%
No	9,3%	24,2%
Total	100%	100%

Como se observa en la tabla 3, Rajoy incluyó en el 41,6% de sus mensajes más de un *hashtag* y Sánchez lo hizo en el 34,2% de sus publicaciones.

Tabla 3. Empleo de más de un *hashtag* por candidato

Más de un *hashtag*	Candidato	
	Rajoy	Sánchez
Sí	41,6%	34,2%
No	58,4%	65,8%
Total	**100%**	**100%**

En cuanto a la utilización de las imágenes, Rajoy insertó una fotografía en el 40,7% de sus mensajes y Sánchez lo hizo en algo más de la mitad de los suyos, tal y como muestra la tabla 4. Por tanto, el político del PSOE concedió más importancia a compartir imágenes que el candidato del PP, si bien hay que destacar que en ambos casos se incluyeron fotografías en más del 40% de los mensajes.

Tabla 4. Uso de fotografías por candidato

Fotografía	Candidato	
	Rajoy	Sánchez
Sí	40,7%	52%
No	59,3%	48%
Total	**100%**	**100%**

Al contrario de lo que ocurría con las fotos, en el caso de los vídeos es Rajoy el que mayor actividad presenta. La tabla 5 recoge que el político del PP incluyó vídeos en casi el 13% de sus mensajes mientras que Sánchez lo hizo en apenas un 3,9% de sus publicaciones.

Tabla 5. Uso de vídeos por candidato

Vídeo	Candidato	
	Rajoy	Sánchez
Sí	12,9%	3,9%
No	87,1%	96,1%
Total	**100%**	**100%**

En la tabla 6 se observa el origen de los vídeos compartidos por los dos políticos. Todas las grabaciones emitidas por Pedro Sánchez eran vídeos corporativos, es decir, realizados por el propio candidato o su partido. En el caso de Mariano Rajoy, el 67,5% eran también vídeos hechos por su formación, pero, además, casi una cuarta parte de las grabaciones eran emisiones de televisión. Esto supone que el candidato del PP utilizó los vídeos como recurso para difundir sus apariciones en medios.

Tabla 6. Origen de vídeos por candidato

Origen del vídeo	Candidato	
	Rajoy	Sánchez
Realizado por el candidato/partido	67,5%	100%
Emisión de televisión	24,1%	0%
Otros	8,4%	0%
Total	**100%**	**100%**

En Twitter existen recursos para ampliar el contenido de los mensajes, muchas veces insuficiente por la limitación de caracteres. Un ejemplo son los enlaces que se pueden insertar en las publicaciones y que dirigen a páginas externas. Si analizamos el empleo que hacen de los enlaces los dos candidatos, se observa en la tabla 7 que Rajoy los incluye en el 17,8% de sus mensajes y Sánchez lo hace en el 11,9%.

Tabla 7. Uso de enlaces por candidato

Enlace a web	Candidato	
	Rajoy	Sánchez
Sí	17,8%	11,9%
No	82,2%	88,1%
Total	**100%**	**100%**

Por lo que respecta al empleo de retuits, un 61,5% de los mensajes publicados en la cuenta de Rajoy y un 55,6% de las publicaciones de la cuenta de Sánchez fueron retuits, como detalla la tabla 8. Esto supone que los dos candidatos hicieron un amplio uso de este recurso ya que menos de la mitad de las publicaciones de las dos cuentas fueron mensajes de autoría propia. Por tanto, Rajoy y Sánchez emplearon Twitter en gran medida para compartir publicaciones escritas por otros usuarios en lugar de para publicar mensajes propios.

Tabla 8. Retuits por candidato

Retuit	Candidato	
	Rajoy	Sánchez
Sí	61,5%	55,6%
No	36,8%	43,5%
Retuit modificado con comentarios	1,7%	1%
Total	**100%**	**100%**

En cuanto al origen de esos retuits, se observa en la tabla 9 que los dos políticos compartieron principalmente mensajes publicados por cuentas de sus propios partidos. Casi el 60% de los retuits presentes en la cuenta de Rajoy y el 46,2% de la cuenta de Sánchez fueron publicaciones escritas por sus propias formaciones políticas. Esto apunta a un empleo de los retuits como recurso para difundir el discurso oficial de los partidos.

Además, el candidato del PSOE prestó especial atención a los mensajes publicados por otros miembros de su misma formación política ya que más del 30% de los retuits de su cuenta procedían de compañeros de partido. En el caso de Rajoy, estas publicaciones fueron algo menos del 10%. En cualquier caso, casi un 70% de los retuits de la cuenta de Rajoy y más de un 78% de los que aparecen en la cuenta de Sánchez fueron mensajes aparecidos en las cuentas oficiales de los partidos o en las de otros compañeros de la formación, lo que supone un empleo de los retuits principalmente como herramienta para difundir el discurso oficial de cada partido.

Cabe destacar que en la cuenta de Rajoy hay un 6,2% de retuits de cuentas de ciudadanos y en la de Sánchez, un 4,3%. Además, más de un 15% de los retuits de la cuenta de Rajoy y un 10,8% en la cuenta de Sánchez fueron mensajes publicados por cuentas de medios de comunicación, lo que implica que ambos candidatos emplearon los retuits como recurso para dar a conocer sus apariciones en medios de comunicación.

Por último, hay que mencionar que más de un 5% de los retuits de la cuenta de Rajoy fueron publicaciones escritas por cuentas del Gobierno de España. El político del PP utilizó los retuits como herramienta para difundir su labor como presidente del Gobierno.

Origen del retuit	Candidato	
	Rajoy	Sánchez
Cuenta del partido	59,6%	46,2%
Cuenta de otro partido	0,2%	0%
Cuenta de un político del mismo partido	9,6%	32,2%
Cuenta de un ciudadano	6,2%	4,3%
Cuenta de un medio de comunicación	15,5%	10,8%
Cuenta de un periodista	1,5%	4,6%
Cuenta del Gobierno de España	5,2%	0%
Otros	2,2%	1,9%
Total	**100%**	**100%**

Al analizar el empleo de las menciones, recogido en la tabla 10, se obtiene que Rajoy incluyó al menos una mención en algo más del 50% de su mensajes y Sánchez lo hizo en poco más del 62% de los suyos. Por tanto, los dos candidatos tendieron a aludir a otros usuarios al compartir sus mensajes.

Tabla 10. Menciones por candidato

Menciones	Candidato	
	Rajoy	Sánchez
Sí	50,6%	62,3%
No	49,4%	37,7%
Total	**100%**	**100%**

Si se estudia a qué personas mencionaron, se observa en la tabla 11 que los dos candidatos se refirieron principalmente a cuentas de otros compañeros de sus formaciones políticas. Más del 85% de las menciones que hizo Rajoy y más del 75% de las hechas por Sánchez fueron a otras cuentas de miembros de sus partidos. Por tanto, los dos candidatos entendieron las menciones como una herramienta de comunicación interna para entablar conversación con compañeros de partido en lugar de para favorecer la interacción con otros usuarios.

Cabe destacar que mientras que en el caso de los retuits los porcentajes más altos los obtenían las cuentas oficiales de partido, en este caso se tienden a mencionar mayoritariamente las cuentas de otros compañeros de formación más que las propias cuentas de los partidos. De este modo, se proyecta una imagen de mayor compañerismo, aunque el objetivo final sea el mismo, difundir el discurso oficial de la formación política.

Además, los dos candidatos mencionaron cuentas de medios de comunicación: Sánchez en un 7,8% de los casos y Rajoy, en el 3,4%. Y únicamente el líder popular mencionó la cuenta del Gobierno de España como recurso para dar a conocer su labor al frente del Ejecutivo.

Tabla 11. A quién se menciona por candidato

A quién se menciona	Candidato	
	Rajoy	Sánchez
Cuenta del partido	4,6%	9,8%
Cuenta de un político del mismo partido	86,8%	77,8%
Cuenta de un político de otro partido	0%	0,8%
Cuenta de un ciudadano	0,6%	0%
Cuenta de un medio de comunicación	3,4%	7,8%
Cuenta de un periodista	0,3%	2,6%
Cuenta del Gobierno de España	1,5%	0%
Otros	2,8%	1,2%
Total	**100%**	**100%**

Por lo que respecta a los temas principales que articularon el discurso de los políticos en sus cuentas de Twitter, sobresale la organización de la campaña electoral como asunto principal en ambos casos. Más del 30% de los mensajes publicados en las dos cuentas trataron sobre este asunto. Como ya han señalado otros autores anteriormente, es habitual la utilización de Twitter con un carácter autorreferencial (Zugasti y Sabés, 2015; Quevedo, Portalés-Oliva y Berrocal, 2016), lo que supone el empleo de esta red social como mero tablón de anuncios para dar a conocer la agenda oficial del candidato, llegando a un uso incluso calificado como *spam* (Zamora y Zurutuza, 2014). La estrategia de los candidatos en campaña electoral se ha centrado en generar ruido para aumentar su visibilidad y llegar a ser *trending topic* (tendencia), lo que implica una mayor atención al componente propagandístico que al contacto directo con los usuarios (Barberá y Rivero, 2012).

Pero además de este empleo de Twitter como mero altavoz de la agenda oficial de los candidatos, los dos políticos hablaron también de otros asuntos en sus cuentas. Mariano Rajoy dedicó más de un 10% de sus publicaciones a tratar el tema del paro, un 5,9% de sus mensajes a hablar sobre otros derechos y servicios sociales y un 5,9% de sus publicaciones a otros asuntos económicos. El político del PP también se refirió a la crisis (4,5%), al terrorismo y a ETA (3,4%) y al asunto de la vertebración autonómica del Estado (3,4%).

Por su parte, Pedro Sánchez prestó mayor atención a la regeneración democrática, puesto que dedicó más de un 8% de sus mensajes a este tema. El político del PSOE también aludió a la mujer (5,5%), al paro (5,3%) y a la sanidad (4%).

Por tanto, los dos candidatos centraron sus discursos en hablar principalmente sobre la campaña electoral con el objetivo de difundir sus agendas oficiales y dar a conocer los distintos actos de campaña. Pero también trataron otros temas importantes en sus programas electorales.

Tabla 12. Tema principal por candidato

Tema	Candidato	
	Rajoy	Sánchez
Organización/actividades de campaña	33,5%	34,8%
Paro	10,6%	5,3%
Otros derechos/servicios sociales	5,9%	3,5%
Otros asuntos económicos	5,9%	2,7%
Regeneración democrática/de los partidos	0,3%	8,7%
Corrupción/escándalos políticos	3%	5%
Crisis económica	4,5%	2,6%
Mujer	1,6%	5,5%
Debates entre los candidatos	2,3%	3,7%
Sanidad	0,9%	4%
Constitución	2%	1,8%
ETA/terrorismo	3,4%	0,2%
Vertebración autonómica/otros temas autonómicos	3,3%	0,3%
Pactos post-electorales	2,2%	1%
Educación	0,8%	1,8%
Dependencia	0,2%	2,6%
Juventud	0%	2,6%
Otros	19,6%	13,9%
Total	**100%**	**100%**

Conclusiones

Como principal conclusión del estudio se obtiene que, pese a utilizar algunas de las herramientas ofrecidas por Twitter, Mariano Rajoy y Pedro Sánchez no han adaptado sus discursos al entorno digital generando una nueva forma de comunicarse con los ciudadanos a través de esta red social, sino que han mantenido su tradicional discurso unidireccional pese al cambio de plataforma. El empleo de Twitter en política se proyectaba como una posible transformación de los tradicionales paradigmas comunicativos en una nueva comunicación multidireccional donde desaparecían los intermediaros y los ciudadanos podían conversar directamente con los políticos. Sin embargo, la realidad es que los candidatos han mantenido un enfoque propagandístico en sus cuentas de Twitter, olvidando la interacción con la ciudadanía y priorizando la mera difusión del discurso oficial del partido.

Como se ha observado a lo largo del análisis de los datos, Mariano Rajoy y Pedro Sánchez hicieron un empleo muy similar de sus cuentas de Twitter durante la campaña electoral. Ambos utilizaron los retuits como recurso para difundir el discurso oficial de sus partidos. Y entendieron las menciones como una herramienta de comunicación interna puesto que aludieron principalmente a cuentas de otros compañeros de sus mismas formaciones políticas. Por tanto, los dos candidatos ignoraron la potencialidad de Twitter para favorecer la interacción con los ciudadanos y centraron sus esfuerzos en dar a conocer el discurso del propio partido.

Por otra parte, los dos políticos utilizaron *hashtags* y centraron su estrategia en repetir una misma etiqueta en muchos mensajes: #EspañaEnSerio (18,2%) en el caso del político del PP y #VotaPSOE (16,1%) en la cuenta de Sánchez. Ambos candidatos emplearon las imágenes en aproximadamente la mitad de sus publicaciones. Sin embargo, la utilización de los vídeos fue menor, destacando Rajoy por incluir un mayor número de grabaciones en sus mensajes. Además, el político del PP también empleó más los enlaces.

En cuanto a los temas centrales de los tuits, los dos políticos hablaron principalmente sobre la propia campaña electoral, lo que confirma el empleo autorreferencial de la red social. No obstante, encontramos diferencias entre ellos, pues cada uno abordó asuntos importantes en sus programas electorales. Así, Rajoy se ocupó del paro, los derechos y servicios sociales, cuestiones económicas o el terrorismo, mientras que Sánchez lo hizo de la regeneración democrática, la mujer, el paro y la sanidad.

Referencias bibliográficas

Alonso-Muñoz, L., Miquel-Segarra, S. y Casero-Ripollés, A. (2016). Un potencial comunicativo desaprovechado. Twitter como mecanismo generador de diálogo en campaña electoral. *Obra digital*, 11, 39-58.

Barberá, P. y Rivero, G. (2012). *¿Un tweet, un voto? Desigualdad en la discusión política en Twitter*. Trabajo presentado en I Congreso Internacional en Comunicación Política y Estrategias de Campaña de ALICE, Madrid. Recuperado de http://www.alice-comunicacionpolitica.com/files/ponencias/58-F4fffff91581342177169-ponencia-1.pdf (30/12/2017).

Campos-Domínguez, E. (2017). Twitter y la comunicación política. *El profesional de la información*, 26 (5), 785-793.

Cea, M. A. (2001). *Metodología cuantitativa. Estrategias y técnicas de investigación social*. Madrid: Síntesis.

Del Rey, J. (2016). La campaña electoral del 20-D: Americanización, televisión, demoscopia y espectáculo. *Más poder local*, 26, 10-14.

García Ortega, C. (2016). La campaña de los candidatos a la presidencia de Aragón en Twitter. *Opción*, 32 (9), 851-870.

García Ortega, C. (2016). La campaña electoral en Twitter: el caso de los comicios municipales de 2015 en Zaragoza. En M. Linares Herrera, J. Díaz-Cuesta y M. E. Del Valle Mejías (Coords.), *Innovación universitaria: digitalización 2.0 y excelencia en contenidos* (pp. 301-316). Madrid: McGraw-Hill.

García Ortega, C. y Zugasti, R. (2014). La campaña virtual en Twitter: análisis de las cuentas de Rajoy y de Rubalcaba en las elecciones generales de 2011. *Historia y Comunicación Social*, 19, 299-311.

García-Ortega, C. y Zugasti, R. (2016). Los temas de campaña en Twitter: Caso de los candidatos a la Presidencia de Aragón en 2015. *Revista F@ro*, 23 (1), 181-194.

Jivkova-Semova, D., Requeijo-Rey, P. y Padilla-Castillo, G. (2017). Usos y tendencias de Twitter en la campaña a elecciones generales españolas del 20D de 2015: hashtags que fueron trending topic. *El profesional de la información*, 26 (5), 824-837

Lafuente, P. y Verón, J.J. (2013). El uso de *Twitter* por los líderes de las organizaciones políticas minoritarias en la campaña electoral de las generales de *2011*. En I. Crespo (Coord.), *Partidos, medios y electores en procesos de cambio. Las elecciones generales españolas de 2011* (pp. 541-562). Valencia: Tirant Humanidades.

López Abellán, M. (2012). Twitter como instrumento de comunicación política en campaña: Elecciones Generales 2011. *Cuadernos de Gestión de Información*, 2, 69-84.

López-García, G. (2016). 'Nuevos' y 'viejos' liderazgos: la campaña de las elecciones generales españolas de 2015 en Twitter. *Comunicación y Sociedad*, 29 (3), 149-167.

López García, G.; Gámir Ríos, J. V.; García Ull, F. J.; Llorca Abad, G.; Cano Orón, L.; González Esteban, J.L. (2015). El debate sobre Europa en Twitter. Discursos y estrategias de los candidatos de las elecciones al Parlamento Europeo de 2014 en España. *Revista de Estudios Políticos*, 170, 213-246.

López García, G.; Cano Orón, L. y Argilés Martínez L. (2016). Circulación de los mensajes y establecimiento de la agenda en Twitter: el caso de las elecciones autonómicas de 2015 en la Comunidad Valenciana. *Trípodos*, 39, 163-183.

Marín, P.P. y Díaz, A. (2016). Uso de Twitter por los partidos y candidatos políticos en las elecciones autonómicas de Madrid 2015. *Ámbitos. Revista Internacional de Comunicación*, 32.

Pallarés Navarro, S. y García Ortega, C. (2017). Análisis comparativo del discurso de Mariano Rajoy en Twitter durante las dos campañas electorales de 2015: las autonómicas del 24M y las generales del 20D. *Dígitos*, 3 (1), 119-136.

Pallarés Navarro, S. y Verón Lassa, J. J. (2017). Twitter como herramienta electoral: evolución de Pablo Iglesias en las campañas de las generales de 2015 y 2016. En F. Sabés y J. J. Verón (Coords.), *Algo más que un click. Reflexiones y debates sobre el mundo digital desde la perspectiva de la investigación en la universidad* (pp. 162-178). Zaragoza: Asociación de Periodistas de Aragón.

Pérez González, J. (2015). El uso de Twitter como herramienta de comunicación política durante la campaña para las elecciones europeas de 2014: el caso del @PPopular. *Communico. Revista Científica de Comunicación*, 1, 38-58.

Quevedo, R., Portalés-Oliva, M. y Berrocal, S. (2016). El uso de la imagen en Twitter durante la campaña electoral municipal de 2015 en España. *Revista Latina de Comunicación social*, 71, 85-107

Rodríguez Andrés, R. y Ureña Uceda, D. (2011). Diez razones para el uso de Twitter como herramienta en la comunicación política y electoral. *Comunicación y pluralismo*, 10, 89-116.

Zamora Medina, R., Sánchez Cobarro, P. H. y Martínez Martínez, H. (2017). The importance of the "strategic game" to frame the political discourse in Twitter during 2015 Spanish Regional Elections. *Communication & Society*, 30 (3), 229-253.

Zamora, R. y Zurutuza, C. (2014). Campaigning on Twitter: Towards the "Personal Style" Campaign to Activate the Political Engagement During the 2011 Spanish General Elections. *Comunicación y Sociedad*, 27 (1), 83-106.

Zugasti, R. (2016). ¿De qué hablan los partidos aragoneses en campaña? El caso de las elecciones autonómicas de 2015 en Twitter. En M. Linares Herrera, J. Díaz-Cuesta y M. E. Del Valle Mejías (Coords.), *Innovación universitaria: digitalización 2.0 y excelencia en contenidos* (pp. 835-845). Madrid: McGraw-Hill

Zugasti, R. y Sabés, F. (2015). Los issues de los candidatos en Twitter durante la campaña de las elecciones generales de 2011. *Zer: Revista de estudios de comunicación*, 20 (38), 161-178.

Zugasti Azagra, R. y Pérez González, J. (2015). La interacción política en Twitter: el caso de @ppopular y @ahorapodemos durante la campaña para las Elecciones Europeas de 2014. *Ámbitos. Revista Internacional de Comunicación*, 28.

Zugasti, R. y Pérez González, J. (2016). Los temas de campaña en Twitter de @PPopular y @ahorapodemos para las elecciones europeas de 2014. *adComunica. Revista Científica de Estrategias, Tendencias e Innovación en Comunicación*, 12, 205-223.

CAPÍTULO V

ESTUDIO COMPARATIVO DE LAS CUENTAS DE PABLO IGLESIAS Y ALBERT RIVERA DURANTE LA CAMPAÑA DE LAS ELECCIONES GENERALES DE 2015

José Juan Verón
Universidad San Jorge, España
Sandra Pallarés
Universidad San Jorge, España

Resumen

Esta investigación analiza la estrategia seguida por Pablo Iglesias y Albert Rivera en Twitter durante la campaña de las elecciones generales del 20 de diciembre de 2015. El estudio se centra en el uso de la red de *microblogging* dado el papel fundamental que han jugado las redes sociales y, en concreto, Twitter en el proceso de expansión de Podemos y Ciudadanos, los dos nuevos partidos a nivel nacional que han transformado el panorama político español, rompiendo con la hegemonía de las dos principales formaciones, PP y PSOE.

El estudio se lleva a cabo mediante un análisis de contenido cuantitativo que se basa en la aplicación de un código de elaboración propia a cada uno de los tuits presentes en las cuentas de los dos políticos estudiados. La cronología va desde el 4 de diciembre de 2015, día en el que comenzó la campaña electoral, hasta el 20 de diciembre del mismo año, día de celebración de las elecciones. El código de análisis permite estudiar aspectos como la interacción entre los políticos y los usuarios, el empleo de imágenes y vídeos y los temas centrales de los mensajes en la red social.

Palabras claves

Twitter, campaña electoral, diálogo, discurso

Introducción

Desde el punto de vista político, las elecciones generales de 2015 en España estuvieron marcadas por la irrupción de dos nuevas formaciones políticas como fueron Podemos y Ciudadanos. Su fuerte entrada en el Congreso de los Diputados, en donde lograron romper el tradicional equilibrio de fuerzas entre PP y PSOE que había llevado a considerar en las últimas décadas al sistema político español como un bipartidismo imperfecto en la práctica.

Aunque puede parecer más evidente en el caso de Podemos por su componente contestatario, ambos partidos tienen un origen común que se sitúa en la coincidencia de la crisis económica de 2007 y un proceso de deterioro de la legitimidad política de las instituciones españolas, pero que tiene un componente mundial, y que se ha vivido en los últimos lustros (Castells, 2008). Ambos fenómenos han supuesto el desarrollo de diversos movimientos sociales y también políticos. El movimiento social de mayor relevancia es el llamado 15M o movimiento de los indignados, y que surgió como una explosión popular, casi como una revolución, en mayo de 2011.

La traducción al panorama político español fue inicialmente una desmovilización en las elecciones de ese mismo año del voto indignado (y huérfano en ese momento de opciones políticas que lo representara), y una victoria del Partido Popular por mayoría absoluta.

Así, del movimiento social surgieron diversas aventuras políticas que tuvieron su prueba de fuego en las elecciones europeas del año 2014. De entre todas ellas, destacaron dos nuevas formaciones políticas (Podemos y Ciudadanos) que comenzaron a transformar el panorama político y amenazaban con acabar la hegemonía de los dos principales partidos, PP y PSOE (López-García, 2016). Estas nuevas fuerzas políticas culminarían su consolidación en el panorama político español en las elecciones de 2015.

Ambas formaciones presentan características comunes más allá del momento en el que irrumpen en la política española y de su propuesta por romper el bipartidismo de facto. Las dos se caracterizan, por ejemplo, por el hiperliderazgo de Iglesias y Rivera (Ellakuría y De Paco, 2015), y por unas estructuras políticas internas algo confusas. En los dos casos, buena parte de su éxito se fundamentó en "saber movilizar, atraer y rentabilizar electoralmente la insatisfacción ciudadana con los viejos partidos" (Müller, 2015, p.121). También comparten el uso estratégico de los medios de comunicación y de las redes sociales para poder culminar su proyección a nivel nacional (López-García, 2016), así como la figuras de sus líderes, con un perfil "joven, con una imagen fresca y un discurso moderno y audaz" (Müller, 2015, p.120).

Por otro lado, también se pueden encontrar importantes diferencias entre estas dos formaciones. Así, Ciudadanos como partido político nació en el año 2006, mientras que Podemos no apareció como tal hasta 2014 y se creó directamente con un enfoque español y con el objetivo de presentarse a las elecciones europeas de ese mismo año, con una trayectoria muy rápida. Mientras, el camino Ciudadanos fue mucho más lento, ganando poco a poco presencia a nivel nacional hasta convertirse en uno de los cuatro partidos principales en el país en las elecciones generales de 2015, pero ya antes en las europeas de 2014 en las que pese a conseguir únicamente dos escaños, Ciudadanos se transformó definitivamente en "una alternativa de nivel nacional" (Ellakuría y De Paco, 2015, p.197).

Ambos partidos también tuvieron una prueba de fuego intermedia en el año 2015 con la celebración en mayo de elecciones municipales y autonómicas, en las que ninguna de las dos formaciones logró hacerse con el poder en ninguna de las comunidades autónomas en liza, si bien las dos fueron determinantes para la constitución de los diferentes gobiernos autonómicos. En el ámbito municipal, Podemos, integrado en diferentes coaliciones y plataformas electorales logró acceder al poder en ciudades tan relevantes como Madrid, Barcelona, Valencia, Zaragoza, Cádiz, La Coruña, Oviedo o Santiago de Compostela, lo que pronto pasó a denominarse 'ciudades del cambio'.

De este modo, Podemos y Ciudadanos fueron transformando desde las europeas de 2014 la realidad política española, cuya consolidación puede considerarse las elecciones generales del 20 de diciembre de 2015.

Pero la transformación política de España no tiene que ver únicamente con resultados de las elecciones, sino también con el modo en el que ambas formaciones afrontaron las contiendas electorales. Del Rey (2016) explica que la campaña del 20D supuso un antes y un después en la democracia española también por el estilo de la campaña electoral. Entre los motivos que señala para sostener esta afirmación, indica la aparición de nuevos actores y de nuevos partidos, la competencia inédita en los espacios de izquierda y de derecha, la incertidumbre no aliviada por los sondeos y el predominio de la televisión sobre las formas tradicionales de comunicación electoral (los mítines) y sobre las nuevas tecnologías de la información (Internet).

En este sentido, otros autores han destacado cómo los medios de comunicación jugaron un papel fundamental en la expansión de las dos nuevas formaciones y en particular de Podemos. Incluso algunos como Müller (2015) vinculan a Iglesias con la profesionalización de las tertulias televisivas en España. Coinciden en este caso Müller y Del Rey en destacar la importancia de la televisión para la generación de estas opciones políticas.

Pero no solo la televisión fue un medio clave, sino que las redes sociales fueron fundamentales para "afianzar el discurso, difundirlo y mantener a sus bases y simpatizantes en continua tensión" (Lluch, 2015, p.114). Si bien el fenómeno es más claro en el caso de Podemos, de acuerdo con la investigación de Müller (2014), buena parte de los votantes de estas nuevas formaciones eran y son *millenials* que creen en una forma de hacer política más digital, interactiva, menos discursiva y más coparticipada.

Así, esta investigación parte de la relevancia de las nuevas tecnologías en el proceso de transformación política vivido en España entre 2014 y 2015, y que culminó con las elecciones generales del 20 de diciembre de 2015. Se enmarca, por tanto, en el contexto de la mayor movilización política vivida en España desde la Transición, que dejó como resultado la irrupción de dos nuevos partidos, Podemos (69 escaños) y Ciudadanos (40 escaños) que pasaron a ser la tercera y la cuarta fuerza política. Resultado que supuso una configuración del Parlamento español nunca antes conocida, con cuatro grandes bloques políticos y la necesidad de articular pactos a varias bandas para alcanzar mayorías de gobierno.

Junto con el contexto político, el otro elemento en el que se sustenta esta investigación es el uso creciente de las redes sociales y, en concreto de Twitter. Si bien los estudios tradicionales en los medios de comunicación se centran en la importancia de la televisión por ser un fenómeno prácticamente universal, existen diversos estudios, como el VIII Observatorio de Redes Sociales 2016 de The Cocktail Analysis, que colocan a las redes sociales en una situación similar. Si bien ninguno de los dos entornos llega a serlo, dado que pierden buena parte de la población: la más joven en el caso de la televisión y la de mayor edad en el caso de las redes sociales. Estos análisis indican que alrededor del 90% de los internautas españoles tiene al menos una cuenta activa en alguna red social.

La necesidad de estudiar el comportamiento político en las redes sociales viene en buena medida del progresivo alejamiento que se observa entre los ciudadanos y los medios de comunicación tradicionales, en particular de la población más joven; de la pérdida de la capacidad de mediación social de los medios. De facto, la irrupción de las redes sociales ha supuesto una cierta ruptura del monopolio de esa intermediación entre políticos y ciudadanos, y permite el contacto directo entre ellos (Cotarelo, 2013).

Existen distintos estudios que confirman el desplazamiento de la población más jóvenes, y también de buena parte de la adulta, hacia el entorno digital y particularmente hacia las pequeñas pantallas de los móviles (Casero, 2012). Así, existe un progresivo abandono de la prensa en papel en favor de la digital, de la radio por los podcast y de la televisión por las plataformas digitales y Youtube. Se trata de un giro completo y transversal hacia las redes sociales que ha acabado por influir en el contenido mismo de los medios de comunicación.

Existen estudios que corroboran que hasta el 80% de los usuarios más jóvenes que acceden a los contenidos de la prensa digital lo hacen gracias a los enlaces que encuentran en las redes sociales (Santín y Álvarez, 2017). Es decir, que no se trata únicamente de un cambio de soportes o medios, sino de un cambio en el modo en el que se utilizan.

Estos datos confirman que las redes sociales han supuesto una revolución, probablemente inacaba todavía, en los modos de comunicación social. La política no resulta ajena a esta situación, y se observa un cambio de los paradigmas comunicativos tradicionales hacia un nuevo modelo de comunicación bidireccional y horizontal (Túñez y Sixto, 2011) que favorece la interacción con los usuarios.

Para Caldevilla (2009, p.35), el fenómeno de interne en la política no se queda únicamente en la transformación del modelo de comunicación, sino que supone "una nueva forma de hacer y pensar la política". Otros, como Del Rey (2007) hablan de un salto de la teledemocracia a la ciberdemocracia o de una política "individualizada, que trata de conectar con muchos otros individuos que de pronto se identifican como ciudadanos reconocibles" (Sey y Castells, 2011, p.457).

Ciñendo el ámbito de estudio a la comunicación política en internet y las redes sociales, existen ciertos rasgos que caracterizan este fenómeno y que lo ponen en relación con atributos típicos del medio televisivo. En particular, la predominancia del entretenimiento sobre la información y la personalización que deriva en un fenómeno de hiperliderazgo. Las redes sociales provocan "un fortalecimiento del liderazgo individual frente a las estructuras partidistas tradicionales, lo que acentúa el proceso de personalización" (López-García, 2016, p. 151).

De este modo, aunque los medios tradicionales siguen siendo claves en la estrategia electoral, las redes sociales se han convertido en apenas dos lustros en un elemento determinante del marketing político; un espacio idóneo para la construcción de marca personal por parte de los distintos candidatos (Lucas, 2012). Los ejemplos más evidentes de la integración de las redes sociales en las estrategias electorales pueden encontrarse en Estados Unidos, tanto en la primera campaña presidencia de Obama en 2008 como en la de Trump en 2016.

En particular, existen distintos estudios sobre cómo en 2008 el equipo de campaña de Obama trabajó para construir la 'marca Obama' a través de las redes sociales (Harfoush, 2010) ante la dificultad de acceder al conjunto de la población mediante las redes sociales. Las primeras investigaciones en relación con la campaña de Trump en 2016 señalan un uso completamente diferente de esta red social: "Se caracterizó por la viralización de bots y noticias falsas y el uso eficaz y abrumador de la campaña en Twitter" (Campos-Domínguez, 2017, p.790).

A lo largo de los tres últimos lustros han surgido diversas redes sociales, algunas de vida efímera. De entre todas las que han logrado consolidarse,

Twitter ha sido la que se ha trabajado con mayor intensidad desde el punto de vista político.

"Twitter, dada su naturaleza pública, se utiliza como un altavoz universal donde se lanzan mensajes que se propagan por la red de forma viral e incontrolada", explica López Abellán (2013, p.72) y explica que es la "entre todas las redes la que actualmente más relevancia ha adquirido entre la clase política" (2013, p. 73).

Existen numerosas investigaciones que apuntan en esta dirección (Piscitelli, 2011), al tiempo que explican cómo esta actividad política desestima la pretendida comunicación bidireccional y horizontal, relegando la herramienta a uso autorreferencial, prácticamente como tablón de anuncios para la difusión de la agenda oficial del candidato. Es decir, Twitter se utiliza como un canal de propaganda y no como una oportunidad de interacción con los ciudadanos (García y Zugasti, 2013; Zamora & Zurutuza, 2014; Quevedo, Portalés y Berrocal, 2016).

Este empleo propagandístico ha hecho que en buena medida la presencia de los políticos en esta red social se fuera marcando objetivos de tipo numérico como lograr acumular seguidores o convertirse en tendencia (*trending topics*) en cierto momentos. Pero los mismos estudios anteriormente citados han expuesto que, a la luz de los resultados en las elecciones celebradas en los años 2011 y 2015, los seguidores y la popularidad en las redes (que puede ser en sentido positivo o negativo) no se traduce de forma sistemática en votos.

Por otro lado, el empleo propagandístico de Twitter, y como se ha apuntado, lleva a una desconexión entre los temas de la agenda de los líderes políticos y las preocupaciones de los ciudadanos. Varias investigaciones de referencia en este ámbito limitan los temas tratados por los políticos a la propia campaña electoral y a cuestiones de ámbito macroeconómico (García y Zugasti, 2014; Zamora y Zurutuza, 2014).

Objetivos Generales

El objetivo general de esta investigación es analizar la estrategia seguida por Pablo Iglesias y por Albert Rivera, líderes de los partidos Podemos y Ciudadanos, en Twitter durante la campaña de las elecciones generales del 20 de diciembre de 2015. Se trata de determinar el uso que hacen los candidatos a la presidencia del Gobierno de la red de *microblogging*, dado el papel fundamental que han jugado las redes sociales y, en concreto, Twitter en el proceso de expansión de Podemos y Ciudadanos.

El estudio se plantea desde la hipótesis de que los nuevos partidos políticos, nacidos en el ámbito de la era digital y con un perfil de votantes marcado por el uso de las tecnologías de la comunicación y de la información, podrían realizar un uso de las redes sociales con un menor componente propagandístico y una mayor inclinación por las oportunidades dialógicas que plantea esta herramienta.

También se trata de observar si existe una evolución en relación con los temas que marcan la agenda de los políticos de las nuevas formaciones y cuáles son los que acaparan su atención.

Método

La metodología seguida en esta investigación es el análisis de contenido cuantitativo, una técnica que permite la medición de la realidad objeto de estudio, en este caso, el discurso de los políticos en sus cuentas de Twitter, traduciéndola a números para su posterior tratamiento estadístico. Esta técnica de investigación, objetiva y sistemática (Wimmer y Dominick, 1996), se basa en la aplicación de un código de análisis a la muestra de estudio, es decir, a cada uno de los tuits analizados. El código utilizado es de elaboración propia y consta de 26 variables que permiten estudiar los temas principales de los mensajes, el empleo de hashtags, menciones, enlaces y retuits y la incorporación de fotografías y vídeos a las publicaciones.

El código se ha elaborado teniendo en cuenta la incorporación de Twitter como nueva herramienta de comunicación política empleada por los candidatos para difundir su discurso. Una de las principales novedades que ha supuesto la utilización de esta red social en política es la desaparición de intermediadores y, por tanto, el contacto directo entre candidatos y ciudadanos. Por ello, se han incluido variables que permiten medir cómo aprovechan los políticos la potencialidad de esta red social para interactuar con los usuarios, tanto a través de menciones como de retuits.

Además, el empleo de Twitter en política ofrece la posibilidad de generar un discurso más informal y cercano con los ciudadanos a través de la incorporación de recursos audiovisuales. Se analizan, de esta forma, variables como la inclusión de imágenes y vídeos en los mensajes para estudiar cómo aprovechan los candidatos las potencialidades de esta red social.

Por otra parte, forman parte del código variables que buscan medir el empleo de hashtags y enlaces, recursos que permiten enriquecer el contenido de la publicación. Y se analizan los temas más recurrentes de los mensajes que comparten. Gracias a los datos que aporta el estudio se puede determinar si los políticos adaptan su discurso a la naturaleza de esta red social, incluyendo etiquetas y enlaces en sus publicaciones, o si lanzan los mismos contenidos que en otras plataformas.

En esta investigación se estudian todos los tuits publicados en las cuentas de Twitter de Albert Rivera y Pablo Iglesias. El periodo cronológico analizado va desde el 4 de diciembre de 2015, día en el que comenzó la campaña electoral, hasta el 20, día en el que se celebraron las elecciones generales.

En total, se han analizado 639 tuits, 217 publicados en la cuenta de Pablo Iglesias y 422 compartidos en la cuenta de Albert Rivera.

Resultados

Mediante el análisis de los 639 mensajes publicados en Twitter, se estudia el empleo que hicieron los dos políticos, Pablo Iglesias y Albert Rivera, de sus cuentas en esta red social. En primer lugar, se observa que el candidato de Ciudadanos fue más activo en su cuenta puesto que publicó prácticamente el doble de mensajes que el político de Podemos.

Candidato	Número de tuits	Porcentaje
Pablo Iglesias	217	33,9%
Albert Rivera	422	66,1%
Total	639	100%

Tabla 1. Número de mensajes por candidato

En cuanto a los temas principales de los mensajes publicados, sobresale la organización de la campaña electoral como el asunto más repetido tanto en la cuenta de Rivera como en la de Iglesias. Muchas investigaciones sobre el empleo de Twitter como herramienta de comunicación política ya han señalado el uso de esta red social como mero tablón de anuncios para compartir los actos oficiales de los candidatos (Rodríguez y Ureña, 2011; García y Zugasti, 2013; Zugasti y Sabés, 2015). En concreto, más de la mitad de los mensajes publicados en la cuenta de Iglesias y casi un 40% de las publicaciones de Rivera tratan sobre las actividades de la campaña electoral. Estos datos implican que los dos candidatos emplearon principalmente esta red social como mera herramienta para difundir sus agendas oficiales. De este modo, se observa que tanto el político de Ciudadanos como el de Podemos centraron sus esfuerzos en difundir sus actos oficiales en vez de en dar a conocer sus programas electorales o debatir sobre otros temas de mayor interés para los ciudadanos.

Como segundo tema más repetido se encuentra la regeneración democrática. Ambos candidatos dedicaron aproximadamente un 15% de sus publicaciones a hablar sobre este asunto. El resto de temas aparecen con porcentajes iguales o inferiores al 5%, lo que supone que fueron asuntos muy poco recurrentes. Cabe señalar el tema de los debates entre candidatos, que aparece en algo más del 5% de los mensajes en las dos cuentas. Iglesias también habló sobre la corrupción y los escándalos políticos (3,7%) y sus actividades personales (3,2%) mientras que Rivera prestó una mayor atención a las encuestas (4,3%) y el proceso independentista catalán (3,3%). Por tanto, los dos políticos centraron su discurso básicamente en la difusión de su agenda oficial y en hablar sobre la regeneración democrática, aunque también dedicaron mensajes a asuntos de mayor actualidad como los debates electorales.

Tema	Candidato	
	Iglesias	Rivera
Organización/actividades de campaña	51,4	36,7
Regeneración democrática	13,9	15,9
Debates entre los candidatos	5,1	5,7
Corrupción/escándalos políticos	3,7	2,1
Actividades personales de los políticos	3,2	0,2
Otros derechos/servicios sociales	1,9	0,2
Poderes fácticos	1,9	1,2
Energía	1,9	0,2
Mujer	1,4	1,7
Otros asuntos económicos	0,9	2,6
Educación	0,5	1,9
Proceso independentista de Cataluña	0	3,3
Encuestas	0	4,3
Paro	0	1,9
I+D+i	0	1,7
Participación/Abstención	0	1,4
Unión Europea	0	1,2
Incidentes de campaña	0	1,2
Otros	14,2	16,6
Total	100%	100%

Tabla 2. Tema principal por candidato

Por lo que respecta al empleo de los hashtags, hay que señalar que el político de Ciudadanos empleó más este recurso que el de Podemos. Como se observa en la tabla 3, Rivera incluyó al menos una etiqueta en el 56,6% de sus publicaciones mientras que Iglesias lo hizo en aproximadamente el 40% de los mensajes. Cabe destacar la diversidad de hashtags utilizados por los dos candidatos. Ninguna etiqueta se repitió en más del 6% de los mensajes, lo que apunta a su empleo como recursos temáticos, es decir, cambiando en función del tema de la publicación.

Llama la atención la baja frecuencia de aparición de cada etiqueta ya que generalmente los políticos tienden a repetir un par de hashtags relacionados con el eslogan de la campaña. Por ejemplo, Mariano Rajoy empleó las etiquetas #ProgramaPP y #sumatealcambio en más del 55% de lo mensajes que publicó en Twitter durante las elecciones generales de 2011 (García y Zugasti, 2013).

Hay que destacar que Pablo Iglesias no repite ningún hashtag en más del 4% de sus mensajes. En cualquier caso, las etiquetas más utilizadas por el político de Podemos son #Gracias1978Hola2016 (4,1%), #PodemosRemontada (2,8%), #TogetherPodemos (2,8%) y #VotaPodemos20D (2,3%). Del mismo modo, Albert Rivera no utiliza un mismo hashtag en más del 6% de sus publicaciones. Entre las etiquetas más repetidas destacan #VistalegreNaranja (5,9%), #20D (5,2%), #AlbertResponde (3,6%) y #7DElDebateDecisivo (3,3%).

En el caso del político de Podemos se observa que emplea las etiquetas como recurso para mostrar la fuerza y unidad del partido y movilizar a sus posibles votantes. Por su parte, el candidato de Ciudadanos emplea los hashtags para difundir su actividad como político y algunos de los actos de la agenda de campaña.

Hashtag	Candidato	
	Iglesias	Rivera
Sí	41,5	56,6
No	58,5	43,4
Total	100%	100%

Tabla 3. Empleo de *hashtags* por candidato

En cuanto a la inclusión de fotografías en las publicaciones, casi la mitad de los mensajes compartidos por Iglesias y más del 60% de las publicaciones de Rivera incluyen al menos una fotografía. Esto supone que los dos candidatos prestan una cierta atención a las imágenes en sus cuentas de Twitter como recurso para enriquecer los mensajes y ofrecer un contenido más informal para los usuarios.

Fotografía	Candidato	
	Iglesias	Rivera
Sí	49,8	61,6
No	50,2	38,4
Total	100%	100%

Tabla 4. Uso de fotografías por candidato

El empleo de los vídeos es muy inferior al de las fotografías. Como se observa en la tabla 5, Iglesias incluye vídeos en un 18,4% de los mensajes y Rivera únicamente incorpora grabaciones en el 7,8% de sus publicaciones. Por tanto, ninguno de los dos candidatos concede gran atención a los vídeos en sus cuentas de Twitter, aunque destaca Iglesias con un mayor uso de este recurso.

Vídeo	Candidato	
	Iglesias	Rivera
Sí	18,4	7,8
No	81,6	92,2
Total	100%	100%

Tabla 5. Uso de vídeos por candidato

Si se analiza el origen de los vídeos que comparten los candidatos en sus cuentas de Twitter, se obtiene que en ambos casos se publican principalmente vídeos realizados por los propios políticos o sus partidos. Es decir, este recurso audiovisual se utiliza nuevamente como mera herramienta propagandística para difundir el discurso oficial de la formación política.

Más del 75% de las grabaciones compartidas por Pablo Iglesias y casi el 90% de los vídeos publicados por Rivera son realizados por ellos mismos o sus partidos. Los dos candidatos comparten también emisiones de televisión, aunque en apenas el 10% de los mensajes publicados por Iglesias y el 12% de las publicaciones de Rivera.

Origen del vídeo	Candidato	
	Iglesias	Rivera
Realizado por el candidato/partido	77,5	87,9
Emisión de televisión	10,0	12,1
Otros	12,5	0
Total	100%	100%

Tabla 6. Origen de vídeos por candidato

Twitter también ofrece la posibilidad de incluir enlaces para ampliar el contenido de los mensajes. Iglesias emplea este recurso en más del 40% de sus publicaciones. Rivera hace un uso menor, incluyendo enlaces en menos del 30% de los mensajes.

Enlace	Candidato	
	Iglesias	Rivera
Sí	41,5	28,0
No	58,5	72,0
Total	100%	100%

Tabla 7. Uso de enlaces por candidato

Por lo que respecta al empleo de los retuits, hay que subrayar la diferencia que hay entre los dos candidatos. Casi tres cuartas partes (73,5%) de los mensajes publicados en la cuenta del político de Ciudadanos son retuits, es decir, mensajes publicados por otras cuentas y compartidos por Rivera. Sin embargo, Iglesias hace un uso mucho más reducido de este recurso puesto que poco más del 30% de las publicaciones son retuits. Por tanto, el candidato de Podemos priorizó el compartir mensajes escritos por él mismo mientras que el político de Ciudadanos prestó mayor atención a compartir publicaciones escritas por otros usuarios.

Como comentábamos anteriormente, el volumen de actividad fue mucho mayor en la cuenta de Rivera que en la de Iglesias. Mientras que el candidato de Ciudadanos publicó 422 mensajes, el político de Podemos compartió 217, prácticamente la mitad. Sin embargo, hay que destacar que la mayor cantidad de publicaciones en la cuenta de Rivera se explica por el gran volumen de retuits que hizo. Iglesias publicó menor cantidad de mensajes, pero la mayoría fueron de autoría propia. Por su parte, Rivera compartió más publicaciones, pero gran parte eran mensajes escritos por otras cuentas. Por tanto, el candidato de Podemos utilizó principalmente Twitter para difundir mensajes propios mientras que el político de Ciudadanos empleó en gran parte la red social para compartir el discurso de otras cuentas.

Retuit	Candidato	
	Iglesias	Rivera
Sí	32,7	73,5
No	65,0	25,4
RT modif.	2,3	1,2
Total	100%	100%

Tabla 8. Retuits por candidato

En cuanto al origen de esos retuits, se observa en la tabla 9 que los dos candidatos utilizaron principalmente este recurso para difundir el discurso de sus propias formaciones políticas a través de retuits de las cuentas de sus partidos o de las cuentas de otros compañeros de su formación. El 43,7% de los retuits compartidos en la cuenta de Iglesias eran de cuentas de otros miembros de su partido. Y el 43,6% de los retuits de la cuenta de Rivera eran de cuentas de su propia formación política.

Esto implica que el candidato de Podemos buscó transmitir una imagen de unidad y compañerismo del partido compartiendo mensajes publicados por otros miembros de la formación. Y Rivera prefirió difundir el discurso oficial de su partido haciendo retuits de las publicaciones compartidas por la cuenta corporativa de Ciudadanos. En cualquier caso, tanto Iglesias como Rivera utilizaron los retuits como recursos para interactuar con sus propias formaciones en vez de para interaccionar con los ciudadanos.

Además, los dos políticos hicieron retuit también de mensajes publicados por medios de comunicación. Casi un 17% de los retuits de la cuenta de Iglesias y más de un 20% en el caso de Rivera eran mensajes publicados por cuentas de medios de comunicación. Compartir estas publicaciones les permite mostrar sus apariciones en los medios y difundir los actos oficiales de la campaña.

Origen del retuit	Candidato	
	Iglesias	Rivera
Cuenta del partido	28,2	43,6
Cuenta de un político del mismo partido	43,7	24,5
Cuenta de un político de otro partido	1,4	0
Cuenta de un ciudadano	2,8	3,5
Cuenta de un medio	16,9	20,7
Cuenta de un periodista	2,8	3,8
Otros	4,2	3,8
Total	100%	100%

Tabla 9. Origen del retuit por candidato

En el caso de las menciones, el candidato de Ciudadanos aludió a otras cuentas en casi el 70% de sus mensajes. El político de Podemos lo hizo en algo más del 50% de sus publicaciones. Por tanto, las menciones fueron un recurso bastante utilizado por los dos candidatos.

Menciones	Candidato	
	Iglesias	Rivera
Sí	50,7	69,2
No	49,3	30,8
Total	100%	100%

Tabla 10. Menciones por candidato

Analizando a qué cuentas mencionan los dos políticos, se observa que en ambos casos se utiliza este recurso como herramienta de comunicación interna, es decir, para aludir a otros compañeros de sus partidos. En casi tres cuartas partes (73,3%) de las menciones que hizo Rivera aludió a otros miembros de su formación política. Por su parte, Iglesias dedicó más del 50% de las menciones a dirigirse a otros compañeros de partido.

En el caso de Iglesias cabe destacar la atención que concedió a los medios de comunicación. Un 20,8% de sus menciones fueron a medios y casi un 8% a periodistas, lo que supone que más de una cuarta parte de las menciones estuvieron dirigidas a los medios y los profesionales que en ellos trabajan. Sin embargo, las menciones de Rivera estuvieron mucho más concentradas en aludir exclusivamente a su propia formación, tanto a la cuenta corporativa como a las de otros compañeros de partido.

A quién se menciona	Candidato	
	Iglesias	Rivera
Cuenta del partido	4,7	8,6
Cuenta de otro partido	1,9	0,3
Cuenta de un político del mismo partido	52,8	73,3
Cuenta de un político de otro partido	1,9	1,0
Cuenta de un ciudadano	2,8	3,4
Cuenta de un medio de comunicación	20,8	7,9
Cuenta de un periodista	7,5	2,1
Otros	7,5	3,4
Total	100%	100%

Tabla 11. A quién se menciona por candidato

Por lo que respecta a la interacción que mantuvieron los dos políticos con el resto de usuarios, se obtiene que ninguno de los dos concedió importancia a dialogar con otras cuentas. Únicamente un 2,3% de los mensajes de Iglesias y un 2,4% de las publicaciones de Rivera formaron parte de una conversación. Esto supone que los dos candidatos no aprovecharon la potencialidad de Twitter para interactuar con otros usuarios, sino que utilizaron sus cuentas como meras herramientas de comunicación unidireccional. Es decir, limitaron el empleo de la red de microblogging a lanzar sus mensajes sin prestar atención a la posible respuesta de los usuarios.

Diálogo	Candidato	
	Iglesias	Rivera
Sí	2,3	2,4
No	97,7	97,6
Total	100%	100%

Tabla 12. Diálogo por candidato

Discusión y conclusiones

La incorporación de Twitter como nueva herramienta de comunicación política planteó un nuevo escenario donde los candidatos podían dirigirse de forma directa a los ciudadanos, sin tener que pasar por un intermediario, en un proceso de comunicación multidireccional. Ya no son los políticos los únicos que pueden lanzar mensajes, sino que los propios ciudadanos pueden interactuar con ellos contestando a sus publicaciones. Con el objetivo de comprobar si los candidatos de las nuevas formaciones políticas en el panorama español han adaptado su discurso a este nuevo escenario se planteó esta investigación.

Como resultado, se ha obtenido que, si bien los dos políticos emplearon la red social de microblogging durante la campaña electoral, lo cierto es que mantuvieron una estrategia de comunicación unidireccional. Apenas participaron en conversaciones con otros usuarios; centraron su atención únicamente en lanzar sus propios mensajes y no atendieron a la respuesta de los ciudadanos.

Además, hay que destacar que Rivera hizo un uso más intensivo de su cuenta de Twitter que Iglesias. Publicó casi el doble de mensajes durante la campaña electoral. Sin embargo, la mayor parte de las publicaciones fueron retuits, es decir, mensajes escritos por otras cuentas. Por su parte, Iglesias publicó menos mensajes, pero la gran mayoría fueron de autoría propia.

Rivera utilizó más los hashtags e incluyó más imágenes en los mensajes que compartió en su cuenta de Twitter. Iglesias publicó más vídeos y compartió más enlaces. En cuanto al uso de retuits, ambos dedicaron este recurso a difundir mensajes de sus propias formaciones políticas. Iglesias compartió principalmente publicaciones de otros compañeros de su partido mientras que Rivera difundió mensajes escritos por la cuenta corporativa de su formación.

Los dos candidatos utilizaron las menciones básicamente para aludir a otros miembros de sus partidos. Es decir, utilizaron la mención como un recurso de comunicación interna para interactuar con sus propias formaciones en vez de para favorecer el diálogo con los ciudadanos.

Además, atendiendo a los temas centrales de sus discursos en Twitter, se observa que la organización de la campaña electoral fue el asunto más repetido en sus mensajes. Los dos candidatos centraron sus publicaciones en difundir sus agendas oficiales en lugar de hablar sobre otros temas de mayor actualidad o interés para los ciudadanos. La regeneración democrática fue el segundo asunto más recurrente en los mensajes de los dos políticos.

En conclusión, Iglesias y Rivera llevaron a cabo una estrategia unidireccional en sus cuentas de Twitter ignorando las potencialidades de la plataforma para interactuar con los ciudadanos y centrando sus esfuerzos en difundir sus agendas de campaña y el mensaje oficial de sus partidos.

Referencias bibliográficas

Caldevilla, D. (2009). Democracia 2.0: La política se introduce en las redes sociales. Pensar la Publicidad, 3 (2), 31-48. Recuperado de http://search.proquest.com/open-view/6407446c8d97b851f12944f2e3f71271/1?pqorigsite=gscholar (16 de abril de 2016).

Campos-Domínguez, E. (2017). Twitter y la comunicación política. En El profesional de la información 26, 785-793.

Casero, A. (2012). Beyond Newspapers: News Consumption among Young People in the Digital Era. Comunicar, 39, 151-158. Recuperado de http://dx.doi.org/10.3916/C39- 2012-03-05

Castells, M. (2008b). Comunicación, poder y contrapoder en la sociedad red (II): los nuevos espacios de la comunicación. Telos: Cuadernos de comunicación e innovación, (75), 11-23. Recuperado de https://telos.fundaciontelefonica.com/telos/articuloautorinvi-tado.asp@idarticulo=1&rev=75.htm (7 de octubre de 2016).

Cotarelo, R. (Coord.) (2013). Ciberpolítica. Las nuevas formas de acción y comunicación políticas. Valencia: Tirant Humanidades.

Del Rey, J. (2007). Comunicación, política, Internet y campañas electorales. De la teledemocracia a la ciberdemocr@cia. Madrid: Editorial Tecnos.

Del Rey, J. (2016). La campaña electoral del 20-D: Americanización, televisión, demoscopia y espectáculo. Más poder local, 26, 10-14. Recuperado de https://dialnet.unirioja.es/servlet/articulo?codigo=5569514 (7 de septiembre de 2016)

Ellakuría, I. y De Paco, J. M. (2015). Alternativa naranja. Ciudadanos a la conquista de España. Barcelona: Editorial Debate.

García, C. y Zugasti, R. (2013). El candidato en Twitter: la cuenta @marianorajoy en la campaña de las elecciones generales de 2011. En Crespo, I. (Coord.), Partidos, medios y electores en procesos de cambio. Las elecciones generales españolas de 2011 (pp. 485-509). Valencia: Tirant Humanidades.

García, C. y Zugasti, R. (2014). La campaña virtual en Twitter: análisis de las cuentas de Rajoy y de Rubalcaba en las elecciones generales de 2011. Historia y Comunicación Social, 19, 299-311. Recuperado de https://search.proquest.com/open-view/b5397e2e4f19f6e8e77860b3d46fa83a/1?pq- origsite=gscholar (24 de julio de 2017).

Harfoush, R. (2010). Yes we did. Cómo construimos la marca Obama a través de las redes sociales. Barcelona: Grupo Planeta.

Lluch, P. (2015). Podemos: nuevos marcos discursivos para tiempos de crisis. Redes sociales y liderazgo mediático. Dígitos,1, 111-125. Recuperado de http://revistadigitos.com/index.php/digitos/article/view/6/6

López Abellán, M. (2013). Twitter como instrumento de comunicación política en campaña: Elecciones Generales 2011. En Cuadernos de Gestión de Información (S.l.), v. 2, 69-84, ISSN 2253-8429. Recuperado de http://revistas.um.es/gesinfo/article/view/207651

López-García, G. (2016). "Nuevos" y "viejos" liderazgos: la campaña de las elecciones generales españolas de 2015 en Twitter. Communication&Society, 29 (3), 149-167. Recuperado de http://www.unav.es/fcom/communication-society/es/resumen.php?art_id=586 (7 de noviembre de 2017).

Lucas, M. A. (2012). Campaña en la red: estrategias de marketing electoral en Internet. Redmarka: revista académica de marketing aplicado, 8, 177-199. Recuperado de https://dialnet.unirioja.es/servlet/articulo?codigo=4125640 (10 de abril de 2016).

Quevedo, R., Portalés-Oliva, M. y Berrocal, S. (2016). El uso de la imagen en Twitter durante la campaña electoral municipal de 2015 en España. Revista Latina de Comunicación social, 71, 85-107. Recuperado de http://www.revistalatinacs.org/071/paper/1085/05es.html (20 de julio de 2017).

Müller, J. (Coord.). (2015). #Ciudadanos. Deconstruyendo a Albert Rivera. Las respuestas a las diez grandes preguntas sobre Ciudadanos. Barcelona: Deusto.

Piscitelli, A. (2011) Twitter, la revolución y los enfoques ni-ni. En Orihuela, J.L. Mundo Twitter (pp. 15-20). Barcelona: Alienta.

Rodríguez, R. y Ureña, D. (2011). Diez razones para el uso de Twitter como herramienta en la comunicación política y electoral. Comunicación y pluralismo, 10, 89-116. Recuperado de http://dadun.unav.edu/handle/10171/35625 (15 de diciembre de 2017).

Santín, M. y Álvarez Monzoncillo, J.M. (2017). El protagonismo de las redes sociales en la dieta informativa de los millenials. En Álvarez Monzoncillo, J.M. y De Haro Rodríguez, G. (coords.). Millenials. La generación emprendedora (pp. 79-108). Madrid: Fundación Telefónica y Ariel.

Sey, A. y Castells, M. (2011). De la política en los medios a la política en red: Internet y el proceso político. En Castells, M. (Ed.), La sociedad red: una visión global (pp. 440-464). Madrid: Alianza Editorial.

Túñez, M. y Sixto, J. (2011). Redes sociales, política y Compromiso 2.0: La comunicación de los diputados españoles en Facebook. Revista Latina de Comunicación Social, 66, 210-246. Recuperado de http://www.cuadernosartesanos.org/2016/p8.pdf - page=85 (12 de enero de 2017).

VIII Observatorio de Redes Sociales. The Cocktail Analysis (2016). Recuperado de http://tcanalysis.com/blog/posts/viii-observatorio-de-redes-sociales

Wimmer, R. D. y Dominick J. R. (1996). La investigación científica de los medios de comunicación: una introducción a sus métodos. Barcelona: Bosch Casa Editorial.

Zamora, R. y Zurutuza, C. (2014). Campaigning on Twitter: Towards the "Personal Style" Campaign to Activate the Political Engagement During the 2011 Spanish General Elections. Comunicación y Sociedad, 27 (1), 83-106. Recuperado de http://www.unav.es/fcom/communication-society/es/articulo.php?art_id=481

Zugasti, R. y Sabés, F. (2015). Los issues de los candidatos en Twitter durante la campaña de las elecciones generales de 2011. Zer: Revista de estudios de comunicación, 20 (38), 161-178. Recuperado de https://dialnet.unirioja.es/servlet/articulo?codigo=5156061 (16 de diciembre de 2017)

CAPITULO VI

LOS *ISSUES* DE LA CAMPAÑA ELECTORAL DE 2016 EN TWITTER: ANÁLISIS DEL DISCURSO PÚBLICO DE LOS CANDIDATOS A LA PRESIDENCIA DEL GOBIERNO DE ESPAÑA

Dra. Carmela García Ortega
Universidad San Jorge, España
Dr. José Juan Verón Lassa
Universidad San Jorge, España

Resumen

Las elecciones del 26 de junio de 2016 culminaron uno de los momentos de mayor convulsión política vividos en España desde la reinstauración de la democracia en 1978. La concatenación de dos convocatorias electorales a Cortes Generales da muestra de ello. Esta investigación se centra en el uso político de Twitter, una red social madura ya en ese momento, y analiza el discurso público de los cuatro principales candidatos en la contienda en este entorno.

La investigación estudia los temas sobre los que giró su actividad mediante un análisis de contenido cuantitativo que se basa en la aplicación de un código de elaboración propia a cada uno de los tuits presentes en las cuentas de Mariano Rajoy (PP), Pedro Sánchez (PSOE), Pablo Iglesias (Unidos Podemos) y Albert Rivera (Ciudadanos). Este código de análisis se centra en el contenido temático de la conversación de los candidatos en Twitter, por lo que se detiene tanto en el fondo de los mensajes como el uso de etiquetas o *hashtags*.

El estudio permite determinar el nivel de utilización de Twitter como canal de comunicación electoral en el año 2016, así como establecer sobre qué cuestiones trataron de centrar la campaña los principales líderes políticos. La investigación confirma el uso autorreferencial como principal contenido temático de la red social e indaga en la coherencia y la naturaleza de las etiquetas o *hashtagh* que se utilizan durante este periodo.

Palabras claves

Campañas electorales, comunicación política, redes sociales, Twitter, tecnopolítica.

Introducción

En el año 2008, la campaña electoral de Barack Obama para acceder a la presidencia de Estados Unidos marcó un hito en diversos campos de la comunicación política. Entre ellos, su estrategia para integrar las redes sociales como una herramienta más de la comunicación electoral ha quedado como una referencia para el estudio y práctica para candidatos de todo el mundo. Rahaf Harfoush, la responsable de comunicación de esta campaña, explicó en un libro titulado *Yes We Did* que sin el trabajo en las redes sociales no se hubiese podido construir la marca Obama, ni organizar un auténtico ejército de colaboradores, ni tampoco financiar el tremendo gasto que supone, puesto que el 67% de la recaudación para sufragarla procedió de Internet (Harfoush, 2010).

Ocho años después, la campaña de las elecciones presidenciales en Estados Unidos volvió a estar marcada por el uso de las redes sociales, y particularmente Twitter. En este caso, por una dimensión totalmente distinta, como apunta Campos-Domínguez (2017), ya que estuvo caracterizada por el uso de *bots*, la difusión de noticias falsas y la sospecha de interferencia de potencias extranjeras en el discurso político de las redes sociales en favor del candidato Donald Trump. De hecho, el uso de Twitter como canal de comunicación política por el ahora presidente norteamericano es una de sus particularidades destacables.

Ambos casos ponen en evidencia que "Twitter también sirve como un medio de comunicación para las elecciones" (Campos-Domínguez, 2017: 790). En esta misma línea se han sucedido distintas investigaciones en los últimos años, con el horizonte de la política española, que en su mayoría parten de las elecciones generales de 2011 (Zamora y Zurutuza, 2014; Ameixeiras y Gago-Mariño, 2013; García-Ortega y Zugasti, 2013; Zugasti y Sabés, 2015) y de las europeas de 2014 (Zugasti y Pérez, 2015; Congosto, 2015), y que alcanzan su máximo interés con las elecciones de 2015, tanto generales (Jivkova-Semova, Requeijo-Rey y Padilla-Castillo, 2017), como locales y autonómicas (Marín y Díaz, 2016), y con las generales de 2016 (Casero-Ripollés, 2017).

Esta necesidad de uso de las redes sociales parte de la progresiva pérdida de protagonismo de los medios de comunicación tradicionales, salvo todavía en cierto modo el caso de la televisión, en su papel de mediadores entre la política y el conjunto de la sociedad. Cotarelo (2013) señala que las redes sociales han supuesto una ruptura del monopolio de la intermediación que poseían los medios y que permiten un contacto directo con los ciudadanos evitando cualquier tipo de interposición. Sin entrar en los motivos de este fenómeno, algo que se aleja del objetivo de esta investigación, esto está siendo aprovechado por los partidos políticos (lo mismo sucede en el ámbito empresarial) para poder tener una comunicación directa con los ciudadanos, asegurándose de que su mensaje llega sin interferencias.

Los partidos políticos han fijado su atención en estas posibilidades desde el asentamiento de las redes sociales. Así, Túñez y Sixto (2011) hacen referencia a un cambio significativo de los paradigmas comunicativos tradicionales hacia un nuevo modelo de comunicación bidireccional y horizontal en el ámbito también político, lo que a su juicio favorece, o debería favorecer, la interacción con los usuarios. "Twitter se ha convertido en un medio consolidado en la comunicación política. Ha sido utilizado por, entre otros, políticos, partidos, gobiernos, organizaciones internacionales, agentes del tercer sector y la sociedad civil, grupos de reflexión, medios de comunicación y ciudadanos, y analizado por profesionales y académicos", señala Campos-Domínguez (2017: 785).

En definitiva, lo que hace la comunicación política, como antes ya había comenzado a hacer la de tipo comercial, es adaptarse al nuevo ecosistema. Varias investigaciones coinciden al detectar que en los últimos años se ha producido un trasvase de la población más joven hacia el entorno digital y, particularmente, hacia las pequeñas pantallas de los móviles (Casero, 2012). Este fenómeno tiene como resultado más evidente el abandono de la prensa en papel en favor de la digital, pero también se está registrando un desplazamiento de la radio convencional hacia los *podcasts* y de la televisión hacia las plataformas digitales de distinta naturaleza y hacia fenómenos como Youtube.

La tendencia es global y las redes sociales juegan un papel muy importante en el modo en el que los ciudadanos acceden a la información. En este sentido, algunos estudios señalan que el 80% de los usuarios jóvenes acceden a los contenidos de la prensa digital gracias a los enlaces que encuentran en las redes sociales (Santín y Álvarez-Monzoncillo, 2017).

Otros trabajos recientes apuntan a que no es un fenómeno exclusivamente joven. Así, el VIII Observatorio de Redes Sociales 2016 (The Cocktail Analysis, 2017) señala que ya en 2014 el 90% de la población entre 18 y 60 años en España tenía al menos una cuenta activa en alguna red social. El ONTSI (2017) indica que el 60,1% de los españoles entre 16 y 74 años es usuario de las redes sociales, un fenómeno que alcanza su mayor penetración en la franja de edad entre 16 y 24 años, con un 94,3%, y que en la franja entre 55 y 65 años se mantiene en el 40,6%. Este estudio, además, indica que no existe diferencia en el uso entre el medio rural y el urbano, una de las cuestiones de la llamada brecha digital. El 40,5% de los españoles usa las redes sociales a diario, de acuerdo con los datos de esta investigación.

Es necesario, por tanto, detenerse en la forma en la que a largo de los tres últimos lustros han surgido diversas redes sociales, algunas de vida efímera y otras especialmente dirigidas a un público muy joven que en buena medida no tiene capacidad política, que se concreta en el derecho al voto. De entre todas las que han logrado consolidarse, Twitter ha sido la que se ha trabajado con mayor intensidad desde el punto de vista político: "Twitter, dada su naturaleza pública, se utiliza como un altavoz universal donde se lanzan mensajes que se propagan por la red de forma viral e incontrolada", explica López-Abellán (2012: 72) y añade que es "entre todas las redes la que actualmente más relevancia ha adquirido entre la clase política" (2013: 73).

Jivkova-Semova, Requeijo-Rey y Padilla-Castillo (2017) resumen las razones para centrar un análisis científico sobre la comunicación de los políticos en Twitter en tres razones fundamentales: por tratarse de una red abierta o pública que se puede consultar sin ningún tipo de registro, por la existencia de distintas investigaciones que la sitúan al mismo nivel que los medios de comunicación en la generación de información (y citan, entre otros, a Peñamarín, 2016; y Congosto, 2015); y por ser la red social de más relevancia entre la clase política y periodística, ya que cuenta con un componente informativo que le aporta valor para su utilización dentro de una estrategia política y electoral, algo que también exponen Rodríguez y Ureña (2011).

Volviendo a la comunicación política, existen numerosas investigaciones que apuntan en la dirección de la desintermediación (Piscitelli, 2011). Sin embargo, al mismo tiempo explican cómo esta actividad política desestima la pretendida comunicación bidireccional y horizontal, dejando aparcados los pronósticos de una democracia volcada hacia la acción digital. Así, varias investigaciones desarrolladas en los últimos años, algunas de los propios autores de este trabajo (García-Ortega y Zugasti, 2014; Lafuente y Verón, 2013), indican que las redes sociales, y particularmente Twitter, se convierten en canal autorreferencial y que su uso es prácticamente el de un tablón de anuncios para la difusión de la agenda oficial del candidato. En esta línea, Zamora y Zurutuza (2014) y Quevedo, Portalés-Oliva y Berrocal (2016) concluyen que Twitter se utiliza como una herramienta de propaganda, dejando de lado sus posibilidades de interacción con los ciudadanos.

Además, estos mismos trabajos destacan que el hecho de que los políticos limiten el uso de Twitter a un mero canal propagandístico conlleva que los temas que se tratan en este canal se concentren en el propio proceso electoral, ya sea con la agenda y los actos propios del momento o siguiendo los temas previamente diseñados desde la estrategia global. Ello se traduce en una evidente desconexión entre los temas de la agenda de los líderes políticos y las preocupaciones de los ciudadanos.

Nuevas elecciones

Por primera vez desde la reinstauración del sistema democrático en 1978, las Cortes Generales no fueron capaces de investir a un presidente después de la celebración de unas elecciones generales. Esto sucedía tras de la convocatoria electoral del 20 de diciembre de 2015 en la que se registró la irrupción de dos nuevas fuerzas políticas: Podemos y Ciudadanos. Su fuerte entrada en el Congreso de los Diputados logró romper el tradicional equilibrio de fuerzas entre PP y PSOE, que había llevado a considerar en las últimas décadas al sistema político español como un bipartidismo imperfecto en la práctica.

Aunque puede parecer más evidente en el caso de Podemos por su componente contestatario, ambos partidos tienen un origen común que se sitúa en la coincidencia de la crisis económica, que arrancó entre los años 2007 y 2008, con un proceso de deterioro de la legitimidad política de las instituciones españolas, pero que tiene una dimensión más amplia y que se ha vivido en los últimos lustros (Castells, 2008). Ambos fenómenos han supuesto el desarrollo de diversos movimientos sociales y también políticos. El movimiento social de mayor relevancia es el llamado 15M o movimiento de los indignados, y que surgió como una explosión popular, casi como una revolución, en mayo de 2011.

La traducción al panorama político español fue, inicialmente, una desmovilización en las elecciones de ese mismo año del voto indignado (y huérfano en ese momento de opciones políticas que lo representara) y una victoria del Partido Popular por mayoría absoluta.

Así, del movimiento social surgieron diversas aventuras políticas que tuvieron su prueba de fuego en las elecciones europeas del año 2014. De entre todas ellas, destacaron dos nuevas formaciones políticas (Podemos y Ciudadanos) que comenzaron a transformar el panorama político y amenazaban con acabar con la hegemonía de los dos principales partidos, PP y PSOE (López-García, 2016). Estas nuevas fuerzas políticas culminaron su consolidación en el panorama político español en las elecciones generales de 2015.

Ambas formaciones presentan características comunes más allá del momento en el que irrumpen en la política española y de su propuesta por romper el bipartidismo *de facto*. Las dos se caracterizan, por ejemplo, por el hiperliderazgo de Iglesias y Rivera (Ellakuría & De Paco, 2015), y por unas estructuras políticas internas algo confusas. En los dos casos, buena parte de su éxito se fundamentó en "saber movilizar, atraer y rentabilizar electoralmente la insatisfacción ciudadana con los viejos partidos" (Müller, 2015: 121). También comparten el uso estratégico de los medios de comunicación y de las redes sociales para poder culminar su proyección a nivel nacional (López-García, 2016), así como las figuras de sus líderes, con un perfil "joven, con una imagen fresca y un discurso moderno y audaz" (Müller, 2015: 120).

Por otro lado, se pueden encontrar importantes diferencias entre estas dos formaciones. Así, Ciudadanos como partido político nació en el año 2006 en Cataluña, mientras que Podemos no apareció como tal hasta 2014 y se creó, directamente, con un enfoque nacional y con el objetivo de presentarse a las elecciones europeas de ese mismo año. Mientras, el camino de Ciudadanos fue mucho más lento, ganando poco a poco presencia a nivel nacional hasta convertirse en uno de los cuatro partidos principales en el país en las elecciones generales de 2015, aunque ya antes, en las europeas de 2014, aunque solo consiguió dos escaños, Ciudadanos se transformó definitivamente en "una alternativa de nivel nacional" (Ellakuría & De Paco, 2015: 197).

Ambos partidos también tuvieron una prueba de fuego intermedia en el año 2015 con la celebración en mayo de elecciones municipales y autonómicas, en las que ninguna de las dos formaciones logró hacerse con el poder en ninguna de las comunidades autónomas en liza, si bien las dos fueron determinantes para la constitución de los diferentes gobiernos autonómicos. En el ámbito municipal, Podemos, integrado en diferentes coaliciones y plataformas electorales, logró acceder al poder en ciudades tan relevantes como Madrid, Barcelona, Valencia, Zaragoza, Cádiz, A Coruña, Oviedo o Santiago de Compostela, que pronto pasaron a denominarse 'ciudades del cambio'.

De este modo, Podemos y Ciudadanos fueron transformando desde las europeas de 2014 la realidad política española, cuya consolidación pueden considerarse las elecciones generales del 20 de diciembre de 2015.

Pero la transformación política de España no tiene que ver únicamente con los resultados de las elecciones, sino también con el modo en el que ambas formaciones afrontaron las contiendas electorales. Del Rey (2016) explica que la campaña del 20D supuso un antes y un después en la democracia española también por el estilo de la campaña electoral. Entre los motivos que señala para sostener esta afirmación, indica la aparición de nuevos actores y de nuevos partidos, la competencia inédita en los espacios de izquierda y de derecha, la incertidumbre no aliviada por los sondeos y el predominio de la televisión sobre las formas tradicionales de comunicación electoral (los mítines) y sobre las nuevas tecnologías de la información (Internet).

En este sentido, otros autores han destacado cómo los medios de comunicación jugaron un papel fundamental en la expansión de las dos nuevas formaciones y en particular de Podemos. Incluso algunos como Müller (2015) vinculan a Iglesias con la profesionalización de las tertulias televisivas en

España. Coinciden en este caso Müller y Del Rey en destacar la importancia de la televisión para la generación de estas opciones políticas.

Pero no solo la televisión fue un medio clave, sino que las redes sociales fueron fundamentales para "afianzar el discurso, difundirlo y mantener a sus bases y simpatizantes en continua tensión" (Lluch, 2015: 114). Si bien el fenómeno es más claro en el caso de Podemos, de acuerdo con la investigación de Müller (2015), buena parte de los votantes de estas nuevas formaciones eran y son *millenials* que creen en una forma de hacer política más digital, interactiva, menos discursiva y más coparticipada.

Así, esta investigación parte de la relevancia de las nuevas tecnologías en el proceso de transformación política vivido en España entre 2014 y 2016, y que culminó con la celebración de dos elecciones generales el 20 de diciembre de 2015 y el 26 de junio de 2016, y se sitúa en el último y definitivo de estos procesos. Se enmarca, por tanto, en el contexto de la mayor movilización política vivida en España desde la Transición, que dejó como resultado una compleja configuración del Congreso con cuatro grandes grupos: PP (137 diputados), PSOE (85), Unidos Podemos (71) y Ciudadanos (32). Estas elecciones confirmaron una composición inédita hasta este periodo, con los dos grandes partidos tradicionales en situación de debilidad y con la necesidad de articular pactos a varias bandas para alcanzar mayorías de gobierno.

Objetivos generales y específicos

El objetivo general de esta investigación es analizar el nivel de utilización de Twitter como canal de comunicación electoral en el año 2016. Y, en la misma línea, estudiar los temas sobre los que los candidatos a la presidencia del Gobierno de España articulan su discurso público en Twitter en el desarrollo de esa campaña. Se trata de establecer de qué cuestiones hablan los principales líderes políticos durante el periodo electoral, aquellos temas sobre los que intentan fijar la atención de la campaña.

El estudio trata de confirmar, como objetivo específico, el componente autorreferencial como principal contenido temático de la red social y descubrir si existe algún componente de singularidad al tratarse de unas elecciones especialmente significativas, las segundas en un periodo de seis meses.

Un segundo objetivo específico se centra en determinar la coherencia existente entre los mensajes de campaña y las etiquetas o *hashtags* que se utilizan durante la campaña, así como la naturaleza y la recurrencia de este tipo de recursos en los mensajes de los candidatos.

Método

La metodología empleada para desarrollar esta investigación es el análisis de contenido cuantitativo, pues permite "objetividad, sistematicidad y cuantificación de los contenidos manifiestos de la comunicación" (Cea, 2001: 351). Se definió como unidad de análisis cada uno de los tuits publicados en las cuentas de Twitter de Mariano Rajoy (@marianorajoy), Pedro Sánchez (@sanchezcastejon), Pablo Iglesias (@Pablo_Iglesias_) y Albert Rivera (@Albert_Rivera) entre el 10 de junio de 2016, día de inicio de la campaña electoral, y el 26 de junio de ese mismo año, fecha de las votaciones. A cada uno de esos mensajes se les aplicó un código de análisis de elaboración propia con el objetivo, entre otras cosas, de conocer cuáles fueron los temas más recurrentes en el discurso de los cuatro candidatos y de qué manera estructuraron ese discurso mediante el empleo de *hashtags* o etiquetas.

Resultados

Durante la campaña de las elecciones generales del 26 de junio de 2016, los cuatro candidatos objeto de estudio publicaron un total de 2.339 tuits. La tabla 1 muestra que Rajoy (33,5%), Rivera (32,4%) y Sánchez (28,8%) realizaron un uso similar de Twitter. Por su parte, Pablo Iglesias fue el candidato menos activo en esta red social, pues suyos fueron solo en 5,3% de los mensajes analizados en esta investigación. Llama la atención el comportamiento del líder de Unidos Podemos, pues es considerablemente diferente del de sus rivales políticos.

Tabla 1. Tuits publicados por cada candidato

Candidato	Número de tuits	Porcentaje
Mariano Rajoy	784	33,5%
Pedro Sánchez	673	28,8%
Pablo Iglesias	124	5,3%
Albert Rivera	758	32,4%
Total	2.339	100%

No obstante, al margen del número de mensajes publicados por cada candidato, el objetivo de este trabajo es analizar los temas más recurrentes en cada una de las cuatro cuentas. En el caso de Mariano Rajoy, como indica la tabla 2, más de un tercio de sus publicaciones (36%) guardaban relación con el desarrollo de la propia campaña electoral, un resultado esperado y que enlaza con ese uso de Twitter como tablón de anuncios al que ya se han referido investigaciones anteriores (Zugasti y Sabés, 2015; Campos-Domínguez, 2017). Tampoco sorprende que el segundo tema más recurrente para el líder popular fuera el relativo a la recuperación económica (10,7%). De este modo, Rajoy aprovechó Twitter para poner en valor los logros conseguidos por su Gobierno. Además, el entonces presidente en funciones no perdió la oportunidad de hablar sobre la aparición de fenómenos populistas y el crecimiento de las posiciones radicales en la vida política española del momento (6,5%), y que para el Partido Popular suponían una seria amenaza en sus opciones de llegar al poder.

Tabla 2. Temas principales de los tuits de Mariano Rajoy

Tema	Total
Organización/actividades de campaña	36%
Recuperación económica	10,7%
Populismos/radicalismos	6,5%
Paro	4,6%
Pactos de partidos políticos	4,5%
Brexit	2,8%
Otros asuntos económicos	2,7%
Vertebración autonómica/ordenación territorial/otros temas autonómicos	2,7%
Resultados electorales	2,6%
Otros derechos/servicios sociales	2,3%
Proceso independentista de Cataluña	2,2%
Actividad de Gobierno	1,7%
Corrupción/escándalos políticos	1,5%
Debates electorales	1,3%
Actividades personales de los políticos	1,3%
Repetición de elecciones	1,1%
Crisis económica	1,1%
Otros	14,4%
Total	100%

Por su parte, Pedro Sánchez también aprovechó su cuenta de Twitter para hablar, fundamentalmente, del desarrollo de su campaña electoral. Lo hizo en un porcentaje algo superior (40,1%) al del político popular. Sin embargo, se diferenció de éste si atendemos al resto de los asuntos más mencionados. El candidato socialista publicó un 8,3% de mensajes relacionados con posibles pactos entre distintas fuerzas políticas. No hay que olvidar que, tras las elecciones de 20 de diciembre de 2015, los líderes del PSOE y de Ciudadanos firmaron un "Acuerdo para un Gobierno reformista y de progreso" y que la formación 'naranja' dio su apoyo a Pedro Sánchez en la fallida sesión de investidura que terminó por provocar la repetición de las elecciones. Con unos porcentajes superiores al 4%, la tabla 3 recoge un par de temas, en cierto modo, relacionados: por un lado, la regeneración democrática y de los partidos y, por otro, la corrupción política. Desde su llegada a la Secretaría General del PSOE, Pedro Sánchez no ha perdido la oportunidad de criticar los distintos casos de corrupción que han afectado, fundamentalmente, al Partido Popular. En la misma línea, se ha presentado a sí mismo como un líder joven, dispuesto a hacer otra política y llenar de savia nueva al PSOE, un partido, por otra parte, también afectado por casos de corrupción.

Tabla 3. Temas principales de los tuits de Pedro Sánchez

Tema	Total
Organización/actividades de campaña	40,1%
Pactos de partidos políticos	8,3%
Regeneración democrática/regeneración de los partidos	4,5%
Corrupción/escándalos políticos	4,3%
Otros asuntos económicos	4%
Sanidad	3,3%
Mujer	3,3%
Actividad de Gobierno	3,1%
Otros derechos/servicios sociales	3%
Pobreza/desigualdad	2,5%
Educación	2,4%
Populismos/radicalismos	2,2%
Brexit	2,1%
Proceso independentista de Cataluña	1,2%
Terrorismo	1,2%
Deporte	1%
Otros	13,5%
Total	**100%**

Pablo Iglesias fue el político que, proporcionalmente, más se sirvió de Twitter para informar sobre las actividades de campaña, pues lo hizo en un 46% de sus mensajes. Al igual que Pedro Sánchez, en el líder de Unidos Podemos se observa un cierto interés por la regeneración democrática (6,5%) y por la corrupción política (4%), que son los asuntos que ocupan el segundo y tercer puesto en cuanto a porcentaje de menciones, este último empatado con deporte, tal y como muestra la tabla 4. Además, en el caso de Iglesias, conviene señalar el considerable porcentaje que alcanza el valor referido a otros asuntos (23,5%), superior al encontrado en los dos candidatos anteriormente mencionados.

Tabla 4. Temas principales de los tuits de Pablo Iglesias

Tema	Total
Organización/actividades de campaña	46%
Regeneración democrática/regeneración de los partidos	6,5%
Deporte	4%
Corrupción/escándalos políticos	4%
Mujer	3,2%
Otros derechos/servicios sociales	2,4%
Brexit	2,4%
Otros asuntos económicos	1,6%
Emigración	1,6%
Debates electorales	1,6%
Participación/abstención en las elecciones	1,6%
Homosexualidad e identidad de género	1,6%
Otros	23,5%
Total	**100%**

El listado de temas de Albert Rivera difiere de lo comentado hasta el momento en relación con el resto de candidatos. Así, como muestra la tabla 5, el líder de Ciudadanos también empleó Twitter para hablar de la campaña electoral, pero en un porcentaje mucho menor que el del resto de políticos (18,2%). Junto a ese tema, otros dos registran una presencia destacada: regeneración democrática (11,6%) y pactos entre partidos (10,4%). Estos datos resultan lógicos, pues la regeneración de la clase política y de la democracia española es uno de los pilares fundamentales de la formación 'naranja' que, como comentamos anteriormente, tuvo un rol destacado en las negociaciones encaminadas a la formación de Gobierno tras las elecciones del 20 de diciembre de 2015 y que también jugó un importante papel tras las elecciones del 26 de junio de 2016, pues su voto afirmativo facilitó la investidura de Mariano Rajoy. Como en el caso de Pablo Iglesias, la cuenta de Albert Rivera presenta un elevado porcentaje en el valor otros (24%). De estos datos se deduce que los líderes de las formaciones más jóvenes utilizaron Twitter para hablar de asuntos diferentes a los que, tradicionalmente, han ocupado la agenda política y la ciudadana en campaña electoral.

Tabla 5. Temas principales de los tuits de Albert Rivera

Tema	Total
Organización/actividades de campaña	18,2%
Regeneración democrática/regeneración de los partidos	11,6%
Pactos de los partidos políticos	10,4%
Corrupción/escándalos políticos	5,5%
Otros asuntos económicos	5%
Paro	4,7%
Educación	3,3%
Populismos/radicalismos	2,9%
Debates electorales	2,8%
Unión Europea	2,2%
Vertebración autonómica/ordenación territorial/otros temas autonómicos	2,1%
Proceso independentista de Cataluña	1,7%
Otros derechos/servicios sociales	1,2%
Sanidad	1,1%
I+D+i	1,1%
Brexit	1,1%
Ley electoral	1,1%
Otros	24%
Total	**100%**

Considerados de manera conjunta, los cuatro políticos objeto de estudio se sirvieron de los *hashtags* o etiquetas, uno de los recursos que ofrece Twitter, en poco más de tres de cada cuatro ocasiones. Como se recoge en la tabla 6, quienes más lo hicieron fueron los líderes de las dos formaciones más veteranas: Mariano Rajoy (87,8%) y Pedro Sánchez (80,2%). A cierta distancia se encuentra Albert Rivera (68,1%) y, muy por detrás, Pablo Iglesias (29,8%), que volvió a mostrar un comportamiento algo diferente al del sus rivales políticos.

Tabla 6. Uso de etiquetas por candidato

Hashtag	Candidato				Total
	Rajoy	Sánchez	Iglesias	Rivera	
Sí	87,8%	80,2%	29,8%	68,1%	76,1%
No	12,2%	19,8%	70,2%	31,9%	23,9%
Total	100%	100%	100%	100%	100%

Los *hashtags* sirven para organizar el discurso y permiten a los usuarios de Twitter identificar los temas de los que se habla en esta red social. Sin embargo, los resultados de la investigación demuestran que los políticos objeto de estudio no utilizaron las etiquetas con esta finalidad, sino como vía para dar a conocer los eslóganes de cada uno de sus partidos.

Así, en la cuenta de Mariano Rajoy se encontró el *hashtag* #AFavor en el 31,8% de los tuits. Por detrás, con unos porcentajes más bajos, se hallaron #26J (7,3%) y #España (5,7%). En un 13,5% de los casos, el líder popular empleó etiquetas relacionadas con su presencia en medios de comunicación: #Rajoy13TV, #RajoyEnCope, #RajoyEnOndaCero, #RajoyEH, #Rajoy2D...

La etiqueta #26J (11,8%) fue la más empleada por Pedro Sánchez, que también se sirvió de este recurso para dar a conocer el eslogan de su partido en estas elecciones (#UnSíPorElCambio, 11,4%) y para pedir el voto para su formación (#VotaPSOE, 9,2%). Un 14,6% de los *hashtags* utilizados por el político socialista guardaban relación con la "campaña del sí" diseñada para estos comicios: #UnSíPorElMundoRural, #UnSíPorLaCultura, #UnSíParaEuropa, #UnSíPorLaEducación...

Varias etiquetas destacan como las más repetidas, en un 7,5% de los casos, en la cuenta de Pablo Iglesias. Se trata de #UnidosPodemos, #VotaUnidosPodemos26J, #YoNoMeLoPerdería, #VamosEspaña y #26segNobastan.

Por lo que respecta a Albert Rivera, los *hashtags* más recurrentes en su cuenta fueron #CambioAMejor (9,3%) y #ActualidadCs (8,2%). También tuvo una presencia destacada una etiqueta también empleada por Rajoy y Sánchez: #26J (8%). Además, en un 16,5% de los mensajes aparecieron etiquetas relacionadas con la "campaña naranja" desarrollada por esta formación: #MadridNaranja, #OrgulloNaranja, #SevillaNaranja, #TourNaranja, #TenerifeNaranja...

Este uso de las etiquetas por parte de los cuatro candidatos evidencia que estas no actuaron como hilo conductor de un discurso en el que todos ellos estuvieran implicados. Además, estos *hashtags* tienen que ver con la propia campaña electoral y no tanto con los temas sobre los que se articulan los programas y que preocupan a los ciudadanos: sanidad, educación, vivienda, políticas sociales, economía, paro... Como hemos comentado, solo hay una etiqueta con cierta presencia en tres de las cuatro cuentas analizadas y se refiere a la fecha de las elecciones, es decir, se trata de un *hashtag* vacío de contenido.

Conclusiones

La investigación desarrollada nos permite concluir que, con la excepción de Pablo Iglesias, los demás políticos analizados utilizaron Twitter de forma notable durante la campaña de las elecciones generales de 2016. Si bien el uso que el líder de Unidos Podemos dio a esta red social se alejó cuantitativamente del de sus rivales políticos, el análisis de los temas abordados permite encontrar similitudes entre Iglesias y el resto de los candidatos objeto de estudio.

Los cuatro políticos analizados utilizaron Twitter para hablar, fundamentalmente, de la campaña. De este modo, esta red social se convirtió en un instrumento más al servicio de la estrategia electoral y se utilizó como tablón de anuncios para dar a conocer los actos previstos en la agenda del candidato. Pablo Iglesias destaca en este uso autorreferencial de Twitter, pues casi la mitad de sus mensajes trataron sobre el desarrollo de su campaña. En el lado contrario se encuentra Albert Rivera, que aprovechó su cuenta para abordar dos asuntos capitales para su formación: la regeneración democrática y los pactos entre partidos en el nuevo escenario político español abierto tras las elecciones del 20 de diciembre de 2015, que acabaron con el bipartidismo. Esos dos asuntos ocuparon, también, la segunda y tercera posición en el listado de temas más recurrentes de Pedro Sánchez. Por su parte, Mariano Rajoy obvió el tema de la regeneración y se refirió a los pactos, pero por detrás de otros asuntos. El entonces presidente en funciones prefirió abordar otras cuestiones, como la recuperación económica, que "vendió" como un logro de su Gobierno.

Por lo que respecta al uso de etiquetas, de nuevo Pablo Iglesias es la excepción, pues se sirvió de este recurso mucho menos que los líderes de los otros tres partidos. No obstante, como en el caso de los temas, la forma en la que el líder de la formación 'morada' empleó los *hashtags* se asemeja bastante a la del resto de los políticos. Así pues, podemos concluir que los cuatro candidatos utilizaron las etiquetas para reproducir sus lemas de campaña. Este hecho es el que provoca que apenas haya coincidencia entre los *hashtags* de unos y de otros. De hecho, cuando esta se produce es porque se utilizan etiquetas vacías de contenido, como #26J, empleada con cierta frecuencia por Rajoy, Sánchez y Rivera. Por lo tanto, los cuatro candidatos analizados desaprovecharon la oportunidad que les brindaba Twitter para dialogar, de forma estructurada, sobre temas de interés público.

Referencias bibliográficas

Ameixeiras, I. y Gago-Mariño, M. (2013). Propaganda y contrapropaganda política en Twitter: los hashtags de partidos y movimientos en las elecciones generales del 2011. En M. P. Diezhandino y M. T. Sandoval (eds.), Los nuevos desafíos del oficio del periodismo (pp. 596-612). Madrid: Sociedad Española de Periodística.

Campos-Domínguez, E. (2017). Twitter y la comunicación política. El profesional de la información, 26 (5), 785-793.

Casero, A. (2012). Beyond Newspapers: News Consumption among Young People in the Digital Era. Comunicar, 39, 151-158.

Casero-Ripollés, A. (2017). Producing political content for web 2.0: Empowering citizens and vulnerable populations. El profesional de la información, 26 (1), 13-19.

Castells, M. (2008). Comunicación, poder y contrapoder en la sociedad red (II): los nuevos espacios de la comunicación. Telos: Cuadernos de comunicación e innovación, 75, 11-23.

Cea, M.A. (2001). Metodología cuantitativa. Estrategias y técnicas de investigación social. Madrid: Síntesis.

Congosto, M. L. (2015). Elecciones europeas 2014: viralidad en los mensajes en Twitter. Redes. Revista hispana para el análisis de redes sociales, 26 (1), 23-52.

Cotarelo, R. (Coord.). (2013). Ciberpolítica. Las nuevas formas de acción y comunicación políticas. Valencia: Tirant Humanidades.

Del Rey, J. (2016). La campaña electoral del 20-D: Americanización, televisión, demoscopia y espectáculo. Más poder local, 26, 10-14.

Ellakuría, I. y De Paco, J. M. (2015). Alternativa naranja. Ciudadanos a la conquista de España. Barcelona: Editorial Debate.

García-Ortega, C. y Zugasti, R. (2013). El candidato en Twitter: la cuenta @marianorajoy en la campaña de las elecciones generales de 2011. En I. Crespo (Coord.), Partidos, medios y electores en procesos de cambio. Las elecciones generales españolas de 2011 (pp. 485-509). Valencia: Tirant Humanidades.

García-Ortega, C. y Zugasti, R. (2014). La campaña virtual en Twitter: análisis de las cuentas de Rajoy y de Rubalcaba en las elecciones generales de 2011. Historia y Comunicación Social, 19, 299-311.

Harfoush, R. (2010). Yes we did. Cómo construimos la marca Obama a través de las redes sociales. Barcelona: Grupo Planeta.

Jivkova-Semova, D., Requeijo-Rey, P. y Padilla-Castillo, G. (2017). Usos y tendencias de Twitter en la campaña a elecciones generales españolas del 20D de 2015: hashtags que fueron trending topic. El profesional de la información, 26 (5), 824-837.

Lafuente, P. y Verón, J.J. (2013). El uso de Twitter por los líderes de las organizaciones políticas minoritarias en la campaña electoral de las generales de 2011. En I. Crespo (Coord.), Partidos, medios y electores en procesos de cambio. Las elecciones generales españolas de 2011 (pp. 541-562). Valencia: Tirant Humanidades.

Lluch, P. (2015). Podemos: nuevos marcos discursivos para tiempos de crisis. Redes sociales y liderazgo mediático. Dígitos, 1, 111-125.

López-Abellán, M. (2012). Twitter como instrumento de comunicación política en campaña: Elecciones Generales 2011. Cuadernos de Gestión de Información, 2, 69-84.

López-García, G. (2016). 'Nuevos' y 'viejos' liderazgos: la campaña de las elecciones generales españolas de 2015 en Twitter. Comunicación y Sociedad, 29 (3), 149-167.

Quevedo, R., Portalés-Oliva, M. y Berrocal, S. (2016). El uso de la imagen en Twitter durante la campaña electoral municipal de 2015 en España. Revista Latina de Comunicación social, 71, 85-107.

Marín, P.P. y Díaz, A. (2016). Uso de Twitter por los partidos y candidatos políticos en las elecciones autonómicas de Madrid 2015. Ámbitos. Revista Internacional de Comunicación, 32.

Müller, J. (Coord.). (2015). #Ciudadanos. Deconstruyendo a Albert Rivera. Las respuestas a las diez grandes preguntas sobre Ciudadanos. Barcelona: Deusto.

Observatorio Nacional de las Telecomunicaciones y de la Sociedad de la Información (ONTSI). (2017). Informe anual del sector de los Contenidos Digitales en España. Recuperado de http://www.ontsi.red.es/ontsi/es/content/informe-anual-del-sector-de-los-contenidos-digitales-en-espa%C3%B1a-edici%C3%B3n-2017 (21 de diciembre de 2017).

Peñamarín, C. (2016). Periodismo y democracia. El estado de la cuestión. Contexto y acción, 7 mayo de 2016. Recuperado de http://ctxt.es/es/20160504/Politica/5859/prensa-medios-de-comunicacion-independencia-censura-concentracion-periodismo-digital-periodismo.htm (21 de diciembre de 2017).

Piscitelli, A. (2011). Twitter, la revolución y los enfoques ni-ni. En J. L. Orihuela, Mundo Twitter (pp. 15-20). Barcelona: Alienta.

Rodríguez, R. & Ureña, D, (2011). Diez razones para el uso de Twitter como herramienta en la comunicación política y electoral. Comunicación y pluralismo, 10, 89-116.

Santín, M. y Álvarez-Monzoncillo, J.M. (2017). El protagonismo de las redes sociales en la dieta informativa de los millenials. En J.M. Álvarez-Monzoncillo y G. De Haro-Rodríguez (Coords.). Millenials. La generación emprendedora (pp. 79-108). Madrid: Fundación Telefónica y Ariel.

The Cocktail Analysis (2017). Observatorio de Redes Sociales VIII Ola 2016. Recuperado de http://tcanalysis.com/blog/posts/viii-observatorio-de-redes-sociales (21 de diciembre de 2017).

Túñez, M. y Sixto, J. (2011). Redes sociales, política y Compromiso 2.0: La comunicación de los diputados españoles en Facebook. Revista de Comunicación Social, 66, 210-246.

Zamora, R. y Zurutuza, C. (2014). Campaigning on Twitter: Towards the 'Personal Style' Campaign to Activate the Political Engagement During the 2011 Spanish General Elections. Comunicación y Sociedad, 27 (1), 83-106.

Zugasti, R. y Sabés, F. (2015). Los issues de los candidatos en Twitter durante la campaña de las elecciones generales de 2011. Zer: Revista de estudios de comunicación= Komunikazio ikasketen aldizkaria, 20 (38), 161-178.

Zugasti, R. y Pérez, J. (2015): La interacción política en Twitter: el caso de @ppopular y @ahorapodemos durante la campaña para las Elecciones Europeas de 2014. Ámbitos. Revista Internacional de Comunicación, 28.

CAPÍTULO VII

LA AUDIENCIA SOCIAL Y EL DEBATE DE MUJERES DEL 9J: ¿FUNCIONAN LOS FORMATOS TELEVISIVOS DE GÉNERO EN POLÍTICA?

Dra. Cristina Zurutuza-Muñoz
Universidad San Jorge, España

Resumen

La víspera del arranque de la campaña electoral del 26 de junio de 2016 en España, Atresmedia convocó un debate electoral protagonizado por cuatro mujeres representantes de las principales fuerzas políticas con representación parlamentaria (PP, PSOE, Podemos y Ciudadanos), el primero íntegramente en clave femenina en la historia de los debates televisados en este país. Este llamativo recurso a la cuestión de género fue ampliamente comentado en medios de comunicación y redes sociales, donde se vertieron dudas sobre si este formato condicionaría el debate o lo que se comentara sobre él.

Los objetivos de esta investigación son conocer cómo fue la conversación social en Twitter en torno a este debate, si se recurrió al uso de estereotipos tradicionalmente vinculados al universo femenino, y si la cuestión de género pudo influir de alguna forma en el contenido dependiendo del sexo del autor del tuit. Para alcanzarlos, se ha aplicado un código de análisis de contenido cuantitativo a todos los tuits publicados bajo en *hashtag* #debate9J, aglutinador de la conversación.

El estudio permite concluir el escaso interés que suscitaron tanto el debate como su formato de género, la anecdótica referencia a estereotipos asociados a la mujer y el comportamiento similar de los hombres y las mujeres que participaron en la conversación en cuanto al contenido de sus tuits, independientemente de su sexo.

Palabras claves

Debate electoral, elecciones 26J, audiencia social, Twitter, género

Introducción

La presente investigación se centra en estudiar la respuesta de la audiencia social de Twitter al debate protagonizado por cuatro mujeres, representantes de las principales formaciones políticas concurrentes a las elecciones generales del 26 de junio de 2016 en España, emitido por Antena 3 la noche del 9 de junio, día previo al arranque oficial de la campaña electoral. Las debatientes fueron Inés Arrimadas (Ciudadanos), Carolina Bescansa (Podemos), Andrea Levy (PP) y Margarita Robles (PSOE) y estuvieron moderadas por Vicente Vallés, periodista de esta cadena. Atresmedia organizó este debate, al que tituló "Las mujeres primero", con la voluntad generar un formato de debate diferente que permitiera, en palabras de Gloria Lomana, Directora General de Antena3 Noticias, que las mujeres fueran por primera vez "las absolutas protagonistas de un debate electoral en nuestro país"[7].

Este debate abría brecha femenina en un histórico de careos principalmente masculinos en España (si bien el formato es novedoso, existen lógicamente precedentes de participación de mujeres en debate electorales televisados en España), cuyo inicio se remonta no muy atrás, pues este formato a caballo entre la política y el entretenimiento es un fenómeno de implantación relativamente reciente en España. El pistoletazo de salida se dio en 1993 con el cara a cara entre el entonces presidente del Gobierno y candidato del PSOE a la reelección, Felipe González, y el candidato del PP, José María Aznar. Sin embargo, no volvió a convocarse un debate en el ámbito nacional hasta 2004, en el que se enfrentaron los candidatos al Parlamento Europeo de estas dos mismas formaciones políticas: Jaime Mayor Oreja por el PP y Josep Borrell por el PSOE.

En las elecciones legislativas de 2015, los debates experimentaron un auge si lo comparamos con procesos electorales anteriores, en los que lo habitual era la convocatoria de un único debate entre los principales candidatos a la presidencia del país. Se celebraron cinco debates organizados por El País, La Sexta, Antena 3 (estos tres medios convocaron sendos debates con los cuatro candidatos a la presidencia), la Academia de las Ciencias y las Artes de le Televisión (entre los cabeza de lista del PP y del PSOE) y TVE (a nueve bandas, entre representantes de todos los partidos políticos con grupo parlamentario propio, además de Podemos y Ciudadanos).

Dentro de la campaña previa a las elecciones generales de 2016 (convocadas tras la imposibilidad de las formaciones políticas del Parlamento de alcanzar un acuerdo y nombrar un nuevo Gobierno) tan solo hubo un debate,

---

7 Noticia "El histórico debate de mujeres que marca el arranque de la campaña electoral", lavanguardia.es, publicado el 9 de junio de 2016. Recuperado el 18 de agosto de 2016 y disponible a través de la siguiente dirección URL: http://www.lavanguardia.com/television/20160609/402385153475/debate-mujeres-antena-3-elecciones.html

organizado por la Academia de las Ciencias y las Artes de la Televisión el 13 de junio, que contó con los principales candidatos de PP, PSOE, Podemos y Ciudadanos. A este, no obstante, puede sumarse el celebrado la víspera del comienzo de la campaña por las mujeres: a todos los efectos constituyó el evento de arranque de la contienda preelectoral.

En este escenario, un debate protagonizado íntegra y deliberadamente por mujeres no deja resultar llamativo. Y si bien pueda responder en cierto modo a un planteamiento comercial que delimite una determinada fórmula televisiva atractiva para la audiencia, refleja también el creciente interés que los medios de comunicación han desarrollado por la figura de la mujer dentro de la política conforme el rol de la mujer ha ido cambiando en la sociedad a lo largo de los años. Al mismo tiempo que la mujer ha ido ocupando lugares tradicionalmente reservados a los hombres, se ha incrementado el interés por observar cómo los medios de comunicación trataban la figura de la mujer y de qué forma configuraban su proyección hacia el imaginario colectivo.

Han sido numerosos los estudios que han abordado esta cuestión tanto en el ámbito internacional (Carter et al., 1998; Byerly y Ross, 2006; Sarkar, 2014; Orgad, 2016) como en el contexto español, donde se han desarrollado trabajos que abordan la representación de la mujer tanto en la publicidad (Sánchez-Aranda et al., 2002; Berganza y Del Hoyo, 2006) como en los medios de comunicación (Sánchez-Aranda et al., 2003; García y Martínez, 2009; Rovetto, 2010).

Si bien en contextos geográficos, cultural y temporales diferentes, la mayoría de estas investigaciones coincide en subrayar que, a pesar de que existe una evolución en el tratamiento mediático de las mujeres, todavía predomina lo que Rovetto denomina un "discurso androcéntrico" (2010: 50-51), caracterizado por el mantenimiento de la tendencia a establecer la norma en la representación como eminentemente masculina, así como por un bajo nivel de visibilidad de las mujeres en los medios de comunicación que no refleja los cambios que se están produciendo en la sociedad (Byerly y Ross, 2006).

A esta invisibilidad se suma un tratamiento informativo diferenciado según el sexo que conduce al uso de representaciones estereotipadas cuando se habla de las mujeres (Sánchez-Aranda et al., 2003; Martínez-Lirola, 2010; O'Neill et al., 2016).

Estos rasgos se ponen de manifiesto cuando se analiza el peso mediático del papel de la mujer en la vida política, bien en puestos de liderazgo de formaciones políticas, bien como representantes electas de los ciudadanos en alguna institución pública. Como destacan Gómez-Escalonilla et al., esa invisibilidad se manifiesta en el desfase que existe en el número de ocasiones en el que políticos de ambos sexos protagonizan las informaciones de los medios: por cada cuatro varones políticos que protagonizan las noticias, tan solo una mujer lo hace, aproximadamente (2008: 61). De la misma forma, su estudio desvela que cuando hay referencias a las mujeres políticas, los estereotipos cobran protagonismo y su presencia "se 'trivializa' al hacer referencia a su vida privada, sus planes domésticos o su estilo a la hora de vestir" (60).

Este escaso protagonismo mediático y la tendencia al uso de estereotipos en el tratamiento informativo de las mujeres políticas ha sido identificado en numerosas investigaciones en el ámbito internacional (Braden, 1996; Norris, 1996; Adcok, 2010; Voronova, 2011; Bligh et al., 2012; Bode y Henninghs, 2012; García-Blanco y Wahl-Jorgensen, 2012; Trimble et al., 2013; O'Neill y Savigny, 2014) y en el nacional (Fernández, 2008, 2010 y 2015; Vinuesa et al., 2011; Rodríguez, 2012; Calero et al., 2013; Sánchez et al., 2013).

Sin embargo, a pesar del interés suscitado por la representación mediática de la figura femenina y su rol en política, apenas existen investigaciones sobre cómo trata la audiencia de las redes sociales a las mujeres políticas. El análisis se ha centrado principalmente en los discursos mediáticos, a pesar de que cada vez tienen más peso en la configuración de las corrientes de opinión los mensajes de los ciudadanos, usuarios de redes sociales, activos, interconectados, en Internet. Se conoce cómo encuadran los medios a la mujer en la sociedad, pero ¿cuál es el discurso de los ciudadanos en la Red?

Las redes sociales han abierto una ventana a la participación de los ciudadanos en el debate público, no solo como consumidores de información, sino ante todo como creadores de contenidos (*prosumers*). Gracias a esto, la ventana también se ha abierto para la investigación, ofreciendo posibilidades cuasi ilimitadas para el estudio de la opinión, el comportamiento y la reacción de los ciudadanos usuarios de redes ante la realidad social. En definitiva, para el estudio de la conversación social entre aquellos que, hasta la irrupción de Internet, su rol preeminente había sido el de receptores de los mensajes emitidos por los medios de comunicación.

Entre todas las redes, Twitter es la que permite una mayor inmediatez en la conversación y una mayor facilidad para la identificación de nodos de conversación gracias al empleo de etiquetas o hashtags que permiten agrupar todos los mensajes sobre un mismo tema. Por este motivo, Twitter ha sido objeto de numerosas investigaciones, buena parte de ellas relacionando su uso en contextos políticos y electorales (Casero y Feenstra, 2012; Zamora-Medina y Zurutuza-Muñoz, 2014; Amaral et al., 2016; Gamir, 2016; Quevedo et al., 2016; Verón y Zurutuza-Muñoz, 2016).

En este sentido, Twitter está siendo una plataforma sumamente útil para conocer la respuesta de los ciudadanos ante las estrategias comunicativas y mensajes políticos emitidos a través de la televisión, gracias a lo que se conoce como audiencia social, es decir, a la conversación generada en Twitter comentando un determinado contenido de televisión. La existencia de esta audiencia social vincula de manera indefectible el medio televisivo con esta red de *microblogging* (Harrington et al., 2013), de forma que la medición del impacto y alcance de los contenidos de televisión ya no solo se miden en términos de *share*, sino también (aunque de forma más incipiente) de audiencia social. En la actualidad, Twitter y televisión son un binomio inseparable y complementario (Greg, 2012).

Precisamente útil se muestra Twitter con los debates televisados como evento estrella de cada campaña electoral. Los debates, que habitualmente se miden en términos de vencedor y perdedor, como si de una carrera de caballos se tratara, y se convierten en un tema más de la campaña del que todo el mundo habla, suelen ser profusamente comentados tanto durante su emisión (escudriñándolos en directo) como en los días posteriores (para evaluar quién se mostró más fuerte o más creíble).

Sin embargo, no existen demasiadas investigaciones sobre la conversación social en torno a los debates electorales televisados (García-Ortega y Lafuente, 2010; Greg, 2012; Kalsnes et al., 2014), a pesar de que resulta de interés para conocer, entre otros aspectos, de qué forma se percibe el discurso político, cuál es la efectividad de las campañas electorales o cuál es la imagen de los políticos entre los ciudadanos.

La presente investigación se centra precisamente en analizar un caso de estudio en España que aúna estos dos intereses: la audiencia social en Twitter sobre un debate electoral televisado protagonizado por mujeres políticas. El interés radica, por tanto, en conocer si el diseño del debate en clave de género por parte de Antena 3 pudo influir de alguna manera en el tipo de tuits publicados por los usuarios de Twitter y si esa influencia pudo guardar relación con el sexo masculino o femenino de los autores de dichos comentarios. Es decir, si la perspectiva de género supuso alguna diferencia a la hora de analizar la actuación de las cuatro representantes políticas para aquellos ciudadanos que se sumaron a la conversación a través del *hashtag* creado por la propia cadena de televisión: #debate9J.

Objetivos Generales y Específicos

El objetivo de la investigación, como se ha mencionado, es conocer cómo fue la conversación en torno al debate 9J y si el hecho de que el debate fuera íntegramente protagonizado por mujeres tuvo algún tipo de influencia en los tuits publicados por los usuarios de Twitter bajo la etiqueta #debate9J, que aglutinó la conversación en torno a este evento. Además, también se pretende averiguar si el comportamiento de la audiencia social guarda relación con el sexo del usuario que escribe el tuit, es decir, si el hecho de que el autor sea hombre o mujer condiciona el tipo de comentario que hace sobre el debate. Las preguntas de investigación, por tanto, son las siguientes:

- PI1: ¿Cómo fuera la conversación que se generó en torno al debate de las mujeres bajo el hashtag #debate9J, creado por Atresmedia?

- PI2: ¿El discurso de los usuarios de Twitter se centró en estereotipos o roles que tradicionalmente se asocian a la mujer?

- PI3: ¿El sexo del autor del tuit -hombre o mujer- guarda alguna relación con el tipo de comentario que escribe? ¿Existe alguna relación entre el sexo del autor del tuit y la tendencia a apoyar o criticar la cuestión de género? ¿El sexto del autor del tuit condiciona el tipo de comentario que se publica?

Método

Para responder a estas preguntas se realiza un análisis de contenido cuantitativo de todos los tuits publicados bajo el hashtag #debate9J, creado y promovido por los propios organizadores del evento. El código está compuesto de 21 variables con las que se busca averiguar, entre otros aspectos, si existe en los tuits alguna referencia al formato de género del debate, la valoración de dicho formato en clave femenina, cuáles son los temas más tratados, quiénes son las debatientes más mencionadas, qué valoración que se hace de su desempeño en el debate, la referencia a roles estereotipados tradicionalmente asociados a la mujer, el tono con el que el usuario se refiere a ese estereotipo y el sexo del usuario que escribe el tuit.

Se analizan con carácter de exhaustividad todos los tuits publicados bajo el *hashtag* #debate9J tanto el día del debate (jueves 9 de junio de 2016, víspera del arranque de la campaña electoral) como al día siguiente (viernes 10 de junio, primer día de campaña). La recogida de la totalidad de la muestra se realizó el mismo día 10 de junio.

El número total de tuits publicados bajo la mencionada etiqueta es de 395, 315 de ellos publicados el mismo día del debate (79,7%) y los restantes 80 (20,3%), al día siguiente de su emisión. De estos, 200 están escritos por usuarios identificados como hombre (50,6%), 162 por usuarios identificados como mujeres (41%) y 33 por cuentas de carácter corporativo (8,4%).

Resultados

En los resultados que se comentan a continuación y con el fin de alcanzar el objetivo de conocer si el sexo del autor de tuit guarda alguna relación con su postura en torno a la cuestión de género, se toman únicamente los datos de los tuits publicados, bien por hombres, bien por mujeres, dejando a un lado las cuentas corporativas. Todas las tablas que se muestran son de elaboración propia y contienen siempre datos en porcentaje.

Con respecto a si los tuits hacen referencia a la cuestión de género, se observa que la mayoría no lo hacen y que las diferencias entre hombres y mujeres que publican los tuits son prácticamente inexistentes. Las mujeres se refieren al formato de género en un 14,8% de los tuis que escriben, mientras que los hombres lo hacen en un 11% de las veces.

Tabla 1. Referencia a la cuestión de género según autor del tuit (en porcentaje)

	Hombre	Mujer
Sí	11	14,8
No	89	85,2
Total	100	100

De entre todos aquellos tuits que sí hacen referencia al planteamiento del debate en función del sexo de las debatientes, predominan los que hacen una valoración negativa del formato, si bien en esta ocasión se perciben mayores diferencias entre mujeres y hombres. Estos últimos manifiestas su visión negativa hacia el formato escogido por Atresmedia en un 50% de los textos tuiteados, frente al 20,8% de las mujeres. Estas muestran una mayor tendencia a una valoración neutral (66,7%) del hecho de que sean cuatro candidatas las portavoces de sus formaciones políticas en el careo televisivo; es decir, subrayan la existencia del formato sin valorarlo explícitamente ni como alguno bueno ni como algo malo. La visión positiva del debate es la más reducida y la más igualada entre hombres y mujeres, con un 13,6% y 12,5%, respectivamente.

Tabla 2. Valoración del formato de género según autor del tuit (en porcentaje)

	Hombre	Mujer
Positiva	13,6	12,5
Neutra	36,4	66,7
Negativa	50	20,8
Total	100	100

A la pregunta de sobre qué hablan las mujeres y los hombres cuando comentan en #debate9J, se observa claramente el discurso autorreferencial de la conversación, principalmente centrada en el debate en sí mismo, y no en ningún tema de agenda de campaña. En más del 60% de los tuits (66,5% para ellos y 60,5% para ellas) en debate es el tema protagonista. Muy de lejos le siguen Venezuela (4,5% y 4,3%, respectivamente), el paro (3% y 4,3%, respectivamente) y los pactos tras las elecciones (2,5% y 3,1%, respectivamente). En cuanto a las políticas de igualdad, un tema que presumiblemente podría haber tenido cierto peso en un debate protagonizado únicamente por mujeres, llama la atención que apenas suscita interés: un 1,9% para las usuarias de Twitter y un 0,5% (es decir, inexistente) para los usuarios masculinos. Es decir, se debatió sobre el debate en sí y sobre *issues* polémicos que marcaban la actualidad de ese momento.

Tabla 3. Tema según autor del tuit (en porcentaje)[8]

	Hombre	Mujer
Paro	3	4,3
Corrupción/escándalos políticos	1,5	2,5
Organización/actividades de campaña	1,5	1,2
Pactos tras las elecciones	2,5	3,1
Políticas de igualdad	0,5	1,9
Debate 9J	66,5	60,5
Justicia	1,5	1,2
Venezuela	4,5	4,3
Otros	13,5	11,7

Los protagonistas a los que se refieren los tuits son principalmente las cuatro debatientes: Inés Arrimadas, Carolina Bescansa, Andrea Levy y Margarita Robles, bien por separado, bien todas en conjunto. No obstante, se observan algunas diferencias dependiendo de si el tuit lo escribe un usuario varón o un usuario mujer. Mientras que ambos sexos se refieren un porcen-

---

8 En la tabla referida al tema se han incluido únicamente aquellos temas que reciben al menos el 1% de las menciones. Los temas por debajo de este umbral se han incluido en el valor "Otros" y son los siguientes: educación, crisis económica, otros asuntos económicos, crisis de los refugiados sirios, encuestas, resultados electorales, regeneración democrática, proceso independentista de Cataluña, violencia de género, deporte y elecciones anteriores (fracaso de los pactos).

taje muy similar de los tuits a la representante de Ciudadanos (20,5% hombres y 19,5% mujeres), los hombres tienden a hablar más de la política de Podemos (9,1%) que las mujeres (15,4%) y menos del Partido Popular (7,4% frente al 15,4% de las mujeres). Ellas mencionan más al PP/otros políticos del PP (4,7% frente al 2,3%) y ellos, al PSOE/otros políticos del PSOE (7,4% frente al 3,4%) y a Podemos/otros políticos de Podemos (4,5% frente a la ausencia total de referencias cuando el tuit lo publica una usuaria). Es decir, los hombres tienden ligeramente a comentar más cuestiones de la órbita de Podemos y las mujeres del PP, si bien no se observa ninguna tendencia especialmente acusada en ninguno de los dos sentidos.

El moderador del debate, el periodista Vicente Vallés, también recibe un porcentaje considerable de menciones: 4,5% en el caso de los varones y 6% en el de las mujeres.

Tabla 4. Protagonista del tuit según autor del tuit (en porcentaje)

	Hombre	Mujer
Inés Arrimadas	20,5	19,5
Carolina Bescansa	9,1	6,7
Andrea Levy	7,4	15,4
Margarita Robles	13,1	13,4
Todas las debatientes	14,2	16,8
Vicente Vallés	4,5	6
Mariano Rajoy	0,6	1,3
Pedro Sánchez	0	2
Pablo Iglesias	0	0,7
PP/otros políticos del PP	2,3	4,7
PSOE/otros políticos del PSOE	7,4	3,4
Podemos/otros políticos del Podemos	4,5	0
Ciudadanos/otros políticos de Ciudadanos	1,7	0,7
Atresmedia	4,5	4,7
Otros	10,2	4,7
Total	100	100

Tampoco se observan grandes variaciones entre ellas y ellos en la valoración que hacen los protagonistas de los que hablan. Esta es explícitamente positiva en torno al 30% de las veces en ambos casos y explícitamente negativa en torno al 50% en ambos casos también.

Tabla 5. Valoración del protagonista según autor del tuit (en porcentaje)

	Hombre	Mujer
Positiva	33	34,9
Neutra	14,8	14,1
Negativa	52,3	51
Total	100	100

Sin embargo, sí que se aprecian diferencias cuando se desglosa la valoración de cada una de las cuatro políticas que participaron en el debate. En el caso de Inés Arrimadas, la representante que de media recibe más valoraciones positivas, ellas son más críticas que ellos, pues la valoran negativamente en el 27,6% de las ocasiones, cuando ellos lo hacen en el 19,4%. Recibe el apoyo de los usuarios en el 77,8% de los tuits de ellos y en el 69% de los de ellas. En el otro extremo, Andrea Levy es la protagonista política peor valorada de media, con un 61,5% de valoraciones negativas de los usuarios y un 78,3% de las usuarias. Ellas se muestran, en este punto, más críticas que ellos, pues solo la evalúan favorablemente en el 8,7% de las veces.

Carolina Bescansa provoca reacciones dispares entre mujeres y hombres. Estos últimos tienen a criticarla (62,5%) más que a apoyarla (31,3%) cuando hablan de ella en sus tuits, mientras que las usuarias de Twitter muestran un mayor equilibrio: 50% de valoraciones positivas frente a un 40% de negativas. Con Margarita Robles el comportamiento según el sexto del autor del tuit es similar: recibe más apoyo de mujeres que de hombres (ellas la apoyan en un 70% de las ocasiones y ellos, en un 21,7%). Sin embargo, en esta ocasión no hay tanto equilibrio en las valoraciones de las usuarias y la diferencia entre apoyo (70%) y crítica (30%) es mayor.

Tabla 6. Valoración de las debatientes según autor del tuit (en porcentaje)

	Inés Arrimadas		Carolina Bescansa		Andrea Levy		Margarita Robles	
	Hombre	Mujer	Hombre	Mujer	Hombre	Mujer	Hombre	Mujer
Positiva	77,8	69	31,3	50	30,8	8,7	21,7	70
Neutra	2,8	3,4	6,3	10	7,7	13	13	0
Negativa	19,4	27,6	62,5	40	61,5	78,3	65,2	30
Total	100	100	100	100	100	100	100	100

Del total de tuits publicados bajo la etiqueta #debate9J (395), tan solo 24 hacen alguna referencia a estereotipos tradicionalmente relacionados con el universo femenino: 13 provienen de cuentas de hombre y 8 de mujeres. Aunque apenas representan un 6% del total de la conversación en Twitter, es interesante detenerse a identificar cuáles son los estereotipos más mencionados y qué perfil los trae a colación.

Sin lugar a dudas, y con una amplia diferencia sobre los demás, las referencias al cuerpo o al aspecto físico de las debatientes como mero valor estético es el estereotipo más mencionado ("Esperando el tuit 'las de derechas están más buenas que las de izquierdas' y la polémica que causará"; o "Todavía no ha dicho nada y @InesArrimadas ya me ha ganado!!! Se puede ser más guapa, por Dios???") tanto por ellos (53,8%) como por ellas (37,5%). Llama la atención también que entre los hombres y las mujeres hay más de 15 puntos porcentuales de diferencia: los hombres son claramente los que más recurren a este cliché.

En el caso de los tuits escritos por mujeres, mencionan (12,5%) otros clichés como que las mujeres que nos son capaces de debatir y pelean entre ellas ("Bueno, en un ratito empieza #debate9J, a ver si no se convierte en #pelea de gatas"), o el papel secundario que las mujeres desempeñan en la política ("No entiendo los debates por sexo. Separamos a las mujeres porque no están al nivel de los hombres? #noalsexismo" No pienso verlo #Debate9J"). En ningún caso estos hacen referencia al rol clásico estereotipado de la mujer al cargo del hogar, la familia o los niños, aunque sí tratan otros temas (37,5%) tradicionalmente asociados también al universo femenino como las políticas de igualdad, la violencia de género, etc. ("'Al menos queremos hacer una mención a la violencia de género'. En un "debate de mujeres". TREMENDO. #Debate9J"; o "Xcierto, ya q es de mujeres, alguna en #Debate9J ha hablado de bajar los precios a productos NECESARIOS de higiene íntima?").

Los tuits provenientes de cuentas de autoría masculina, además de utilizar todos los estereotipos ya mencionados, recurren a un elenco mayor, como el de la mujer al cargo de la crianza de los niños y/o del cuidado de la familia ("¿Bescansa no ha ido con el niño al debate? ¡Mala madre! #Debate9J"), la mujer como responsable de las tareas del hogar (como se observa en "No acepto chistes como '¿debatirán sobre si el baño se barre o directamente se friega?'"), o la mujer que debe pelear para triunfar en la sociedad ("¿Por qué no pueden ser estas mujeres las número 1 de cada partido? Yo me replantearía mi voto. Enorme #DEBATEPRESIDENCIAL2016 #Debate9J"), todos ellos con un 7,7%.

Tabla 7. Referencia a estereotipos tradicionalmente relacionados con el universo femenino según autor del tuit (en porcentaje)

	Hombre	Mujer
Mujer al cargo de la crianza de los niños/cuidado de la familia	7,7	0
Mujer como responsable de las tareas del hogar	7,7	0
Mujer detrás del hombre, figuras políticas de segunda fila	7,7	12,5
Cuerpo o aspecto físico como mero valor estético	53,8	37,5
Mujeres incapaces de debatir/"pelea de gatas"	7,7	12,5
Mujer que debe pelear para triunfar en la sociedad	7,7	0
Otros (políticas de igualdad, violencia de género, etc.)	7,7	37,5
Total	100	100

Como se puede observar en algunos de los ejemplos señalados en el párrafo anterior, no siempre el tono empleado por los usuarios de Twitter para hacer referencia a esos estereotipos es el mismo. En ocasiones, el estereotipo es referido desde un plano positivo, con tono de elogio, y en ocasiones se formula desde un prisma despectivo. En esta ocasión, los comentarios en tono despectivo están más igualados entre mujeres y hombre (75% y 70%, respectivamente). Donde se percibe una mayor diferencia es en el elogio, más acusado cuando tuitean ellos (30%) y algo menos cuando lo hacen ellas (12,5%).

Tabla 8. Tono de la referencia a estereotipos según autor del tuit (en porcentaje)

	Hombre	Mujer
Elogio	30	12,5
Neutra	0	12,5
Despectivo	70	75
Total	100	100

Discusión y conclusiones

La exposición de los resultados de esta investigación permite alcanzar las conclusiones que a continuación se presentan. En primer lugar, en referencia a la primera pregunta de investigación (cómo fue la conversación que se generó en torno a este debate, en términos generales) puede afirmarse que el formato despertó poco interés, así como el debate en general. Apenas se alcanzaron los 400 tuits (cifra muy inferior, por ejemplo, a los 1,8 millones de tuis que recibió el debate de los cuatro cabeza de lista –todos varones–de las mismas formaciones políticas unos días después) y para los usuarios de Twitter no tuvo excesivo interés el formato, pues se refirieron a este en contadas ocasiones y muchas de ellas, para criticarlo.

El tema más tratado fue el propio debate en sí, no ninguno de los temas debatidos durante el programa televisado. Ni el programa ni las cuatro debatientes consiguieron que el contenido en la audiencia social. Por el contrario, el propio formato triunfó, acaparando la mayor parte de la atención y las menciones en los tuits. El debate suscitó interés por el tipo de evento televisado que era, no por las propuestas que en él se hicieron o las críticas que en él se pudieran verter.

La protagonista más mencionada fue la representante de Ciudadanos, Inés Arrimadas, quien además recibió con diferencia el mayor número de valoraciones positivas, muy por encima de las negativas. En el otro extremo se sitúa Andrea Levy (PP), que fue criticada en muchas más ocasiones que apoyada. Margarita Robles (PSOE) y Carolina Bescansa (Podemos) recibieron valoraciones algo más equilibradas. En términos generales, prevaleció la valoración negativa y la crítica, lo que permite identificar Twitter como una red social en la que los usuarios vierten sus críticas hacia los políticos con libertad y sin cortapisa.

Con respecto a si los usuarios de Twitter se refirieron a estereotipos tradicionalmente asociados al universo femenino (respondiendo así a la segunda pregunta de investigación), los datos muestran que lo hicieron en un porcentaje muy pequeño. No obstante, dentro de esta pequeña cantidad, los estereotipos más mencionados se centraron en el aspecto físico o el atuendo de las debatientes como mero valor estético y tuvieron un carácter predominantemente despectivo (si bien algunos -menos- fueron de elogio).

Ante la tercera pregunta, relativa a si el sexto del autor del tuit pudo haber condicionado de alguna forma el tipo de comentario que se publica con respecto a un debate en clave de género, la respuesta general es que no existen diferencias significativas entre hombres y mujeres a la hora de marcar un determinado patrón de respuesta. Indistintamente, mujeres y hombres critican el formato o lo apoyan, subrayan la cuestión de género o la ignoran, aluden a estereotipos tradicionalmente asociados al universo femenino o no.

Sin embargo, se aprecian algunos matices que es necesario reseñar. Curiosamente, los hombres muestran cierta inclinación a valorar más negativamente el formato de género planteado por Atresmedia que las mujeres. A la luz de los datos obtenidos, ellos también tienden a hacer valoraciones más negativas de las representantes de partidos ubicados en la parte izquierda del espectro ideológico (Carolina Bescansa, representante de Podemos, y Margarita Robles, del PSOE). Por el contrario, las mujeres son las más críticas con las representantes de los partidos del centro y de la derecha (Inés Arrimadas, de Ciudadanos, y Andrea Levy, del PP).

Todos los usuarios que participaron en la conversación de Twitter, sin diferencia entre hombres y mujeres, optaron por el debate como principal tema de sus comentarios, dejando de lado de forma similar temas tradicionalmente relacionados con la mujer como por ejemplo las políticas de igualdad. Igualmente, todos tendieron a hacer una valoración más bien negativa de las cuatro políticas debatientes. Es decir, tampoco en estas variables existe ninguna diferencia de género que permita identificar una pauta de comportamiento distinta entre personas de distinto sexo.

Igualmente, se observa un escaso recurso a los estereotipos asociados tradicionalmente al universo femenino por parte de usuarios y de usuarias de esta red social, y tanto unos como otros tendieron por igual a destacar en un tono jocoso o despectivo cuestiones físicas como mero valor estético. La única diferencia aquí es que ellos abarcaron un elenco mayor de estereotipos que ellas.

Por último, es necesario aclarar que las conclusiones aquí plasmadas no pueden extrapolarse a un universo mayor, ni ser empleadas para explicar comportamientos generales de la audiencia social con respecto al debate político en su sentido más amplio. Se trata únicamente de una fotografía tomada a la conversación generada por la audiencia social de Twitter a raíz de un debate electoral televisado cuyo formato fue construido voluntariamente en términos de género por la entidad organizadora, Atresmedia. En este sentido, para concluir este capítulo, los datos sí permiten afirmar que el formato de género, con el que presumiblemente Atresmedia buscaba una dosis de originalidad que despertara el interés de los ciudadanos suscitando cierta polémica, no funcionó: el enfoque de género despertó un escaso interés con apenas 400 tuits, recibió más críticas que elogios por parte de los usuarios de Twitter que se sumaron a #debate9J, y no despertó ninguna reacción diferente entre mujeres y hombres que participaron en la conversación por el hecho de serlo.

Referencias bibliográficas

Adcock, C. (2010). The Politician, The wife, the citizen, and her newspaper. Feminist Media Studies 10 (2), 135-159.

Amaral, I., Zamora R., Grandío, M.M. y Noguera, J.M. (2016). Flows of communication and 'influentials' in Twitter: a comparative approach to between Portugal and Spain during 2014 European Elections. Observatorio (OBS*), 10 (2), 111-128.

Berganza, R., Del Hoyo, M. (2006). La mujer y el hombre en la publicidad televisiva: imágenes y estereotipos. ZER, 21, 161-175.

Bligh, M.C., Schleofer, M., Casad, B.J., Gaffney A.M. (2012). "Competent enough, but would you vote for her? Gender stereotypes and media influences on perceptions of women politicians". Journal of Applied Social Pshychology, 42 (3), 560-597.

Bode, L. y Hennings, V.M. (2012). Mixed signal? Gender and the media's coverage of the 2008 vice presidential candidates". Politics & Policy, 40 (2), 221-257.

Braden, M. (1996). Women politicians and the media. Kentucky: The University Press of Kentucky.

Byerly, C.M. y Ross, K. (2016). Women and media. A critical introduction. Malden: Blackwell.

Calero, M.L., Vinuesa, M.L. y Abejón P. (2013). Las mujeres políticas en España y su representación en los medios de comunicación. Razón y Palabra, 82:1-15.

Carter, C., Branston, G. y Stuart, A. (eds.) (1998). News, gender and power, Londres: Routledge.

Casero, A. y Feenstra, R.A. (2012). The 15-M Movement and the new media: A case study into Spanish political discourse. Media International Australia, 144, 68-76.

Fernández, N. (2008). La construcción mediática del líder político desde una perspectiva de género: análisis del tratamiento mediático de Ségolène Royal en las columnas de opinión de Le Figaro y Libération durante las elecciones primarias del partido socialista francés. En Pérez-Amat R, Núñez S, García A. (coords.), Comunicación, identidad y género (pp. 481-493). Madrid: Fragua.

Fernández, N. (2010). Framing Hillary Clinton en la prensa española: ¿Candidata o mujer? Observatorio (OBS*) Journal, 4 (3), 209-228.

Fernández, N. (2015). Liderazgo femenino y representación mediática: cobertura en prensa escrita del primer gabinete de Mariano Rajoy (2011). En Mateos, C. y Herrero, J. (coords.), La pantalla insomne (pp. 1921-1941). Tenerife: Sociedad Latina de Comunicación Social.

Gamir, J. (2016). Blogs, Facebook y Twitter en las elecciones generales de 2011. Estudio cuantitativo del uso de la web 2.0 por parte de los cabezas de lista del PP y del PSOE. Revista Dígitos, 2, 101-120.

García, N. y Martínez, L. (2009). La representación positiva de la imagen de la mujer en los medios. Comunicar, 32 (26), 209-214.

García-Blanco, I. y Wahl-Jorgensen, K. (2012). The discursive construction of women politicians in the European press. Feminist Media Studies, 12 (3), 422-441.

García-Ortega, C. y Lafuente, P. (2010). Periodismo participativo. El uso del foro cibernético de El Mundo tras los debates de las elecciones europeas de 2009. En Sabés F, Verón JJ. (eds.), El periodismo digital desde la perspectiva de la investigación universitaria (pp. 74-82). Zaragoza: APA.

Gómez-Escalonilla, G., García A., Santín, M. et al. (2008). La imagen de la mujer política en los medios de comunicación. Feminismos, 11:59-71.

Greg, E. (2012). Live research: Twittering an election debate. New Media and Society, 15 (1), 18-30.

Harrington, S., Highfield, H. y Bruns, A. (2013). More than a backchannel: Twitter and television. Journal of Audiences and Reception Studies, 10 (1), 405-409.

Kalsnes, B., Krumsvik, A.H. y Storsul, T. (2014). Social media as a political backchannel. Twitter use during televised election debates in Norway. Journal of Information Management, 66 (3), 313-328.

Martínez-Lirola, M. (2010). Exploring the invisibility of women from different cultures in society and in the mass media. Palabra Clave, 3 (1), 161-173.

Norris, P. (ed.) (1996). Women, media and politics. Nueva York: Oxford University Press.

O'Neill, D., Savigny, H. y Cann, V. (2016). Women politicians in the UK press: not seen and not heard? Feminist Media Studies, 16 (2), 293-307.

O'Neill, D. y Savigny, H. (2014). Female politicians in the British press: the exception to the masculine 'norm'? Journal of the Association for Journalism Education, 3 (1), 6-26.

Orgad, S. (2016). Incongruous encounters: media representations and lived experiences of stay-at-home mothers. Feminist Media Studies, 16 (3), 478-494.

Quevedo, R., Portalés-Oliva, M. y Berrocal, S. (2016). The image use on Twitter during the 2015 election campaign in Spain. Revista Latina de Comunicación Social, 71, 87-107.

Rodríguez, M.P. (ed.) (2012). Representación de las mujeres políticas en la prensa. Bilbao: Universidad de Deusto.

Rovetto, F. (2010). Androcentrismo y medios de comunicación: apuntes sobre la representación de las mujeres en la prensa de actualidad, Cuadernos de Información, 27, 43-52.

Sánchez, M.L., Vinuesa, M.L. y Abejón, P. (2013). Las mujeres políticas en España y su proyección en los medios de comunicación. Razón y Palabra, 82, 1-15.

Sánchez-Aranda, J.J., Berganza, R. y García-Ortega, C. (2003). Mujer publicada, mujer maltratada. Libro de estilo para informar en los medios de comunicación sobre la mujer. Pamplona: Gobierno de Navarra, Instituto Navarro de la Mujer.

Sánchez-Aranda, J.J., García-Ortega, C., Grandío, M.M. et al. (2002). El espejo mágico. La nueva imagen de la mujer en la publicidad actual. Pamplona: Gobierno de Navarra, Instituto Navarro de la Mujer.

Sarkar, S. (2014). Media and women image: a feminist discourse. Journal of Media and Communication Studies, 6 (3), 48-58.

Trimble, L., Wagner, A., Sampert, S. et al. (2013). Is it personal? Gendered mediation in newspaper coverage of Canadian National Party leadership contests, 1975-2012". The International Journal of Press/Politics, 18 (4), 462-481.

Verón, J.J. y Zurutuza-Muñoz, C. (2016). La carrera hacia la Moncloa. Análisis competitivo de los candidatos a las elecciones generales de 2015 en Twitter. En Sabés F y Verón JJ. (coords.), La comunicación del presente: más allá de las palabras (pp. 67-78). Zaragoza: APA.

Vinuesa, M.L., Abejón, P. y Sánchez, M.L. (2011). Mujeres y política: un binomio con baja representación. Ámbitos, 20, 127-145.

Voronova, L. (2011). Media Representation of Women Politicians: Myths and Anti-myths". En Voronova L. (ed.), World of Media 2011: Yearbook of Russian media and journalism studies (pp. 114-127). Moscú: Moscow State University.

Zamora-Medina, R., Zurutuza-Muñoz, C. (2014). Campaigning on Twitter: Towards the 'Personal Style' Campaign to Activate the Political Engagement During 2011 Spanish General Elections. Communication and Society, 27 (1), 83.106.

*Este libro se terminó de elaborar en abril de 2018
en la ciudad de Sevilla, bajo los cuidados de
Francisco Anaya, director de Ediciones Egregius.*